めざすのは、
咲き誇る未来。

早稲田アカデミー 中学受験を決めたその日から

サクセス12

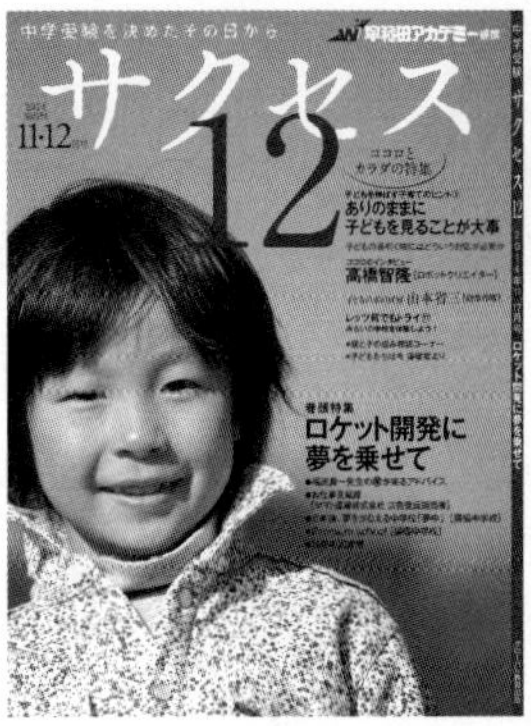

今月号の表紙

サクセスホームページ
http://success.waseda-ac.net/

CONTENTS

ロケット開発に夢を乗せて

“Dream can do, Reality can do”

思い描くことができれば、それは現実にできる

株式会社植松電機（以下 植松電機）は、従業員20名足らずの町工場。しかし、宇宙ロケット開発の世界では、その名を知らない人はいません。その理由は、ロケットの開発 、微少重力（宇宙空間と同じ無重力状態）の実験、小型の人工衛星の開発、アメリカ民間宇宙開発企業との協同事業など、「植松電機はアメリカ航空宇宙局（NASA）より宇宙に近い町工場」と言われているからです。

そんな植松電機で、日々、宇宙ロケット開発に取り組んでいる植松努さんの夢は、世の中から「どうせ無理…」という言葉をなくすことだそうです。

植松電機は、新千歳空港から自動車で約2時間（高速道路使用）の赤平市にあります。旭山動物園がある旭山市や夕張メロンで有名な夕張市が近くにあり、石炭が燃料として使われていたころは「炭鉱の町」として栄えていました。

植松努氏の歩み

1966年　北海道芦別《あしべつ》市に生まれる。
1985年　芦別高校卒業、
　北見工業大学応用機械工学科入学。
1989年　北見工業大学応用機械工学科卒業、
　名古屋にある大手航空宇宙開発会社に入社。
1994年　植松電機に入社。産業廃棄物からの除鉄、
　選鉄に使う電磁石の開発製作に成功。
1999年　コンクリート圧砕《あっさい》機用
　アクティブマグネット方式を考案。

独自に開発した
産業用マグネット

　会社を法人化（株式会社　植松電機）。
2000年　赤平第2工業団地に用地を取得し、
　第一工場、第二工場を建設。
2004年　紙飛行機教室を開始。
　カムイロケットの研究を進めていた
　北海道大学大学院の永田教授に出会う。
2005年　青年版国民栄誉賞
　「人間力大賞グランプリ」を受賞。
　北海道大学とカムイロケットの
　共同研究を開始。
　第三工場を建設し研究開発拠点の強化。
2006年　植松電機の敷地内に微小重力実験塔が完成。
　人工衛星「HIT-SAT（ヒットサット）」の
　開発に携わり打ち上げに成功。
　株式会社カムイスペースワークスを設立し、
　代表取締役に就任する。
2007年　カムイロケット250の打ち上げ実験で
　到達高度3500メートル達成。

カムイロケット250

2008年　カムイロケットを1年間で18機打ち上げる。
　小中学校を対象とした工場見学と
　体験学習業務を本格化。
2009年　宇宙航空研究開発機構（JAXA）と共同で
　ロケットの打上げ実験を実施。
　ARC（発展型研究施設）プロジェクトの
　開始準備を始める。
2010年　ARCプロジェクトを開始。
2012年　カムイロケット500の打ち上げ実験で
　到達高度7500メートル達成。

「どうせ無理…」はあきらめの言葉。「だったらこうしてみたら？」は可能性を広げる言葉。

植松電機では、現在、「ロケット開発」「無重力実験」「小型人工衛星の開発」の3つの宇宙に関係する事業に取り組んでいます。
この取り組みをスタートさせたころは、いずれの研究も「どうせ無理」と何度も周りの人たちから言われたとか。
しかし、「誰かがつくったものならば、自分たちにもつくれるはず！」と、何度失敗しても絶対にあきらめませんでした。
そうすることによって、これまでに“世界にたったひとつ”のさまざまなモノを誕生させることができました。

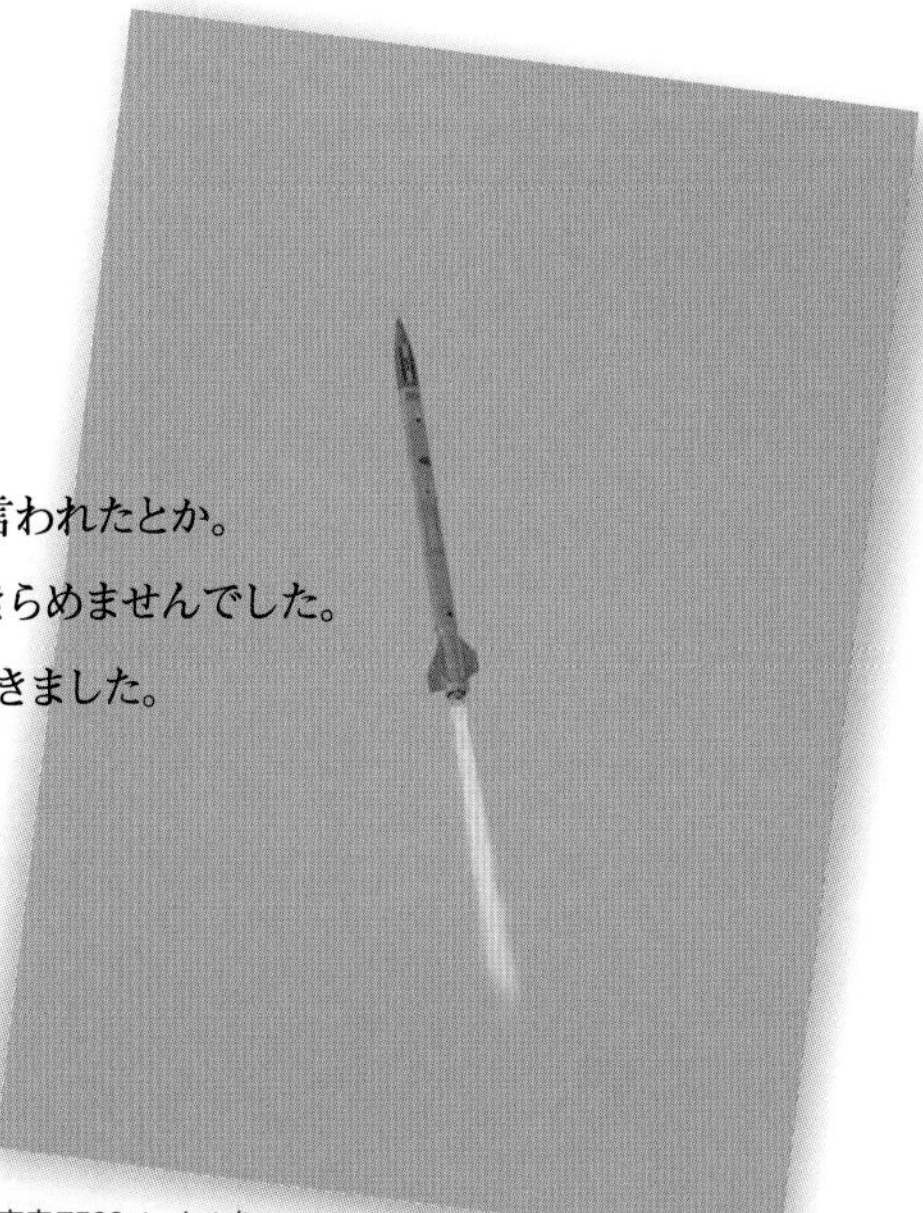

高度7500メートルを達成したカムイロケット500

カムイロケット

一般的なロケットは、水素や石油、または火薬を一気に燃やすことで飛び立ちます。そのときに出るけむりは有毒で、また、打ち上げに失敗すると大爆発を起こす可能性もあるため、発射時には人が近づくことはできません。

そんな危険が伴うロケットエンジンにもかかわらず、植松電機ではエンジンの燃焼実験を工場の敷地内で行っています。しかも、実験用のロケットエンジンを囲うのはＪＲから買い取ったコンテナで、10メートルほどの距離から見学することができます。もちろん、それには秘密があります。実は、植松電機で実験開発されているロケットは、北海道大学大学院の永田晴紀教授が開発した「ハイブリッド・ロケット」、通称「カムイロケット」と呼ばれるもの。レジ袋などに使われるポリエチレンを固め、燃えにくくした固形燃料を使うため、一般のロケットエンジン開発のような危険がないのです。

永田教授と植松電機の人たちは、20回以上の失敗を繰り返し、やがて3キログラムの燃料でロケットを宇宙に飛び立たせるだけの力、2万5千馬力が出せるエンジンを開発することに成功。その後、手作りロケットで打ち上げにもチャレンジし、2012年7月には、全長4メートルのカムイロケットで高度7500メートルを達成しています。

工場の敷地内にある燃焼実験場

微小重力実験塔

微小重力実験塔とは、無重力実験ができる実験塔のことです。約50メートルの高さから、重さ500キログラムのカプセルを落とし、地面に着く直前に空気の力で速度を一気にゼロへ。そうすることで、約3秒間、無重力、正確には「微小重力環境」をつくりだせるのです。

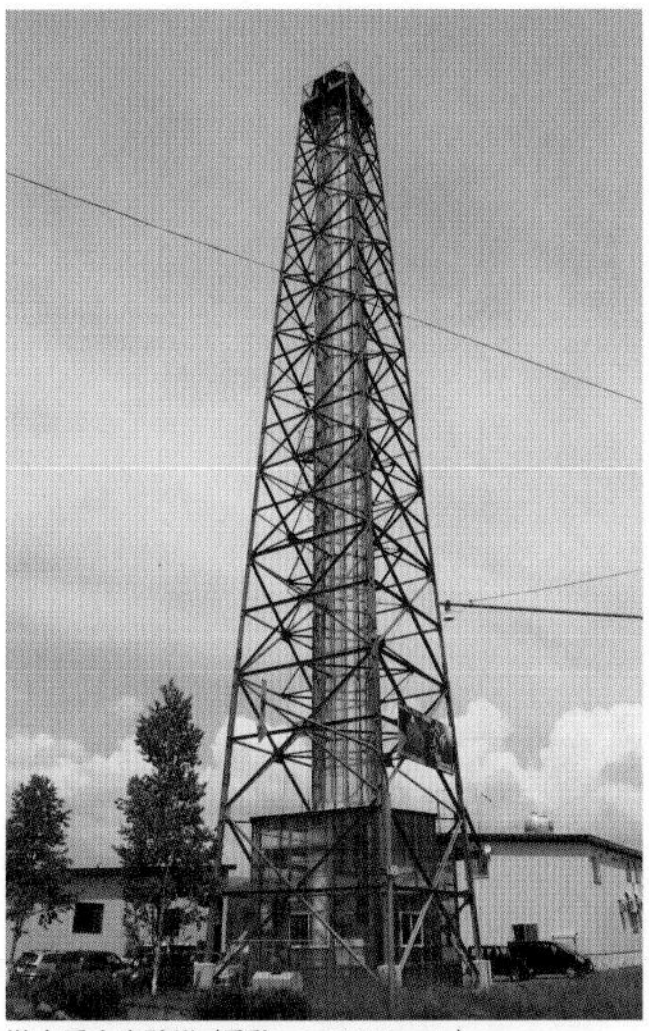

微小重力実験塔（愛称　コスモトーレ）

小型人工衛星（HIT-SAT）と真空装置

植松電機では、北海道工業大学などと共同で、縦横10数センチの超小型衛星「HIT-SAT（ヒットサット）」を開発し、2006年、M-Vロケットで宇宙に打ち上げました。その後、「HIT-SAT」は毎日地球を15周しながらさまざまなデータを地球の受信基地に送信。そして、1年9か月後、予定通りに大気圏に再び突入することで、ゴミを一切出すことなく燃え尽き、その役目を終えています。

また、植松電機では、「HIT-SAT」が真空状態で動くことを証明するために、真空装置も手作りしています。

地球を1日15周していたHIT-SAT

植松氏と手作り真空装置

ロケットと一緒に『どうせ無理…』を吹き飛ばそう！

現在、植松氏は日本全国での講演活動や幼稚園児から大人までを対象としたロケット教室を行っています。このロケット教室では、植松氏が教えた通りに作業をするのではなく、わからなければ周りを見たり、人に聞いたりしながら、自分の力で作ってもらいます。その間、植松氏がすることはただひとつ、悩んでいる人を見つけたら、「だったらこうしてみたら？」と声をかけるだけです。

そして、ロケットが完成したら、それぞれが自分の手でつくったロケットを発射。次々に飛び立つロケットに、参加者全員に笑顔があふれます。その笑顔こそが『どうせ無理…』という思いを吹き飛ばした瞬間だと、植松氏は考えています。

「思うは招く」の言葉を信じ、あきらめずに行動することで夢を実現！

――宇宙にあこがれるようになったきっかけを教えてください。

私が最初に宇宙を意識したのは、１９６９年7月20日、アポロ11号の月着陸船《つきちゃくりくせん》が月面に着陸した瞬間です。

といっても、当時、私はまだ3歳だったので、何を見たかは覚えていません。ただ、私を自分のあぐらのなかに座らせていた祖父が、「人が月に行ったぞ！すごいぞ！おまえもきっと月に行けるぞ！」とうれしそうに言った笑顔だけはしっかりと覚えています。

――どのような子ども時代でしたか？

小学生のころは紙飛行機づくりに夢中でした。紙飛行機と言っても、折り紙ではなく、型紙を切り抜いて組み立てるグライダーです。最初は本に付いていた型紙を使っていましたが、そのうちに本に載っている計算式を使えば、好きな飛行機がつくれることに気づきました。何度も失敗しながらも、いつの間にかどんな飛行機でも形にできるようになっていきました。そして、高学年になってからのめり込んだのがペーパークラフトです。これも最初は型紙を買っていましたが、次第に紙飛行機と同じように自分で型紙からつくれるようになっていきました。

このように、私が「どんなものでも自分でつくれる」と思ったのは、父の影響です。父は、私たち姉弟にいろいろなものをつくってくれました。そのひとつが、子どもが乗って遊ぶ足でこぐ自動車の乗り物に、モーターとバッテリーを取り付けた時速40キロメートルも出るゴーカートです。このような環境で育ったからこそ、大人になった今でも、必要なものがあれば「じゃあ、自分でつくろう」と思うのでしょうね。

父の手づくりゴーカート

――飛行機への関心は、その後、どのように移り変わったのでしょうか。

飛行機へのあこがれを現実のものにしようと、中学校3年生のとき、担任教諭に「飛行機やロケットの仕事がしたいです！」と言いました。すると、担任教諭は「無理」と。その理由は、飛行機やロケットをつくるには東京大学に行かなければならず、私の学力ではとても及ばないからだと言うのです。夢が破れてしまった私は、帰宅後、すぐにそのことを母に伝えました。すると、母は「思うは招く」と私に言いました。その言葉に、「世界初の動力飛行に成功したライト兄弟は東大に行っていない。でも、あきらめなかったから成功したんだ！」。そう思った私は、母の「思うは招く」という言葉を信じ、さらに飛行機やロケットにのめり込んだのです。

そして、私が大学進学を目指したとき、再び先生から「絶対に無理」と言われました。しかし、奇跡的に合格した大学での学びは、どれも知っていることばかりでした。というのも、子どものころにグライダーやペーパークラフトをつくるために読みあさった本に書かれていたのは、大学レベルの「航空力学」「流体力学」「設計」「製図」だったからです。

その後、私は念願だった航空宇宙開発会社で派遣社員として働くことができました。しかし、数年が過ぎたころ、「〝ゼロから生み出す〟ような飛行機づくりがしたい」という思いが抑えられなくなり、私は自分の力で飛行機をつくるためにその会社を辞めたのです。

――北海道に帰ってから、すぐに飛行機づくりをスタートさせたのですか？

すぐに飛行機づくりはせず、当時、父がひとりでやっていた自動車修理と、クレーンで重い鉄板などを運ぶために使うマグネット（電磁石）の開発を手伝いました。

しばらくすると、父が開発したクレーン用の小型マグネットがゴミのなかから鉄だけを選別できると評判になりはじめました。そのマグネットをより便利に使えるようにとパワーショベルカー用に改良すると、〝世界初〟が良かったでしょう、注文が殺到するようになりました。さらに壊れにくいように、また、たとえ壊れたとしても部品を簡単に交換できるようにと改良を重ねた結果、植松電機の社員は増え、今では、パワーショベルカーに取りつけるマグネットの大半を生産する〝世界一〟の会社になることができました。

――何がきっかけで宇宙開発にかかわるようになったのですか？

植松電機の仕事が安定してきたある日、私はボランティア先の児童福祉施設で児童虐待を受けた子どもたちに会いました。

人というものは、自分があきらめたことや知らないことを誰かがしようとしたとき、「それは無理でしょう」と言います。そして、その人が失敗すれば「だから無理だといったのに…」と笑います。すると、笑われた人は自信をなくすのはもちろんのこと、自分よりもさらに弱い人の夢を壊そうとします。この繰り返しが児童虐待につながるように思えた私は、この世の中から「どうせ無理」という言葉をなくしたいと考え始めました。さらに、子どもたちに自信を与えるきっかけになればと、私は２００４年１月、紙飛行機教室をスタートさせたのです。

すると、紙飛行機教室を始めてまもなく、私は北海道大学大学院の永田晴紀教授から、新しいロケットエンジンの実験をさせてほしいと頼まれました。ただし、「予算がつけば…」と条件付きです。ロケットのエンジン開発、これは私の夢、飛行機づくりそのものです。このチャンスを逃してはならないと、私はすぐに場所や技術の提供を申し出ました。

そして、2005年からは北海道大学と「カムイロケット」の共同研究を開始し、2006年には、植松電機の敷地内に微小重力実験塔を建設。続いて、開発に携わった人工衛星「HIT-SAT」の打ち上げにも成功しました。その年の12月には、さらに本格的に宇宙事業に取り組むため、永田教授と一緒に「株式会社カムイスペースワークス」を設立したんです。

カムイロケット250と仲間たち

——さまざまなものを自分たちで手づくりされていますが、簡単につくれるものなのですか？

もちろん簡単ではありません。特に難しかったのは微小重力実験塔です。というのも、当時、無重力がつくり出せる実験塔は、ドイツと岐阜県にしかなく、作り方そのものがわからなかったからです。しかも、業者にどれくらいの予算で作ってもらえるかを聞いてみると3億円…。とても支払える金額ではありませんでした。

普通であれば、「無理だ…」とあきらめてしまうところでしょう。しかし、私が宇宙開発にかかわるのは、子どものころからの夢の実現でもありますが、この世のなかから「どうせ無理」という言葉をなくしたいからでもあります。それなのに、私が「どうせ無理」とあきらめてしまっては意味がありません。そう思った私は、「だったらこうしてみたら？」と社員たちと意見を出し合い、世界で3台目の微小重力実験塔を完成させたのです。ちなみに、かかった費用は2500万円。2億7500万円も得をしたことになります。

さらに、私は、ドイツの施設では5秒間の無重力実験が1回100万円以上することを承知のうえで、3秒間の実験を数万円でできるようにしました。これは、誰もが気軽に実験ができるようにすることで、それを手伝う社員たちに経験と知恵を得てほしいと考えたからです。そのかいあって、今ではNASAをはじめ世界中の研究者がこの実験塔を使っています。

そのような取り組みが良かったのか、現在、植松電機の社員たちは、本業のリサイクル用マグネットの仕事をしたうえで、宇宙開発の仕事に取り組んでいます。さらに、農業やその他の分野の仕事にも自分から進んでチャレンジするようになりました。しかも、「こういうものが作れないか？」と相談されたら「こちらのほうがいいのでは？」とより良いものを提案しているようです。

——これからの夢をお聞かせください。

2006年、私たちが北海道工業大学などと共同でつくった小型人工衛星が宇宙に飛び立ちました。宇宙から無事に信号が届いたその瞬間のうれしさは、今でも忘れられません。

しかし、この人工衛星の成功は私たちの本来の目標ではありません。というのも、私たちの最終目標は、自分たちがつくったロケットで、宇宙をただよう宇宙ゴミ、人工衛星などの残がいを片づけることだからです。つまり、マッハ25（時速3万キロメートル）で地球の周りを飛ぶ宇宙ゴミをキャッチする技術を確立するために、まずは人工衛星をつくったのです。この宇宙ゴミを片付けるロケットを完成させる、これがひとつ目の目標です。

ふたつ目の目標は、「どうせ無理」という言葉をなくすことです。その目標に向けてのひとつのステップとして、2010年からARC（発展型研究施設）プロジェクトを開始しました。これは、宇宙開発事業を通して、子どもたちの「どうせ無理」という気持ちを「だったらこうしてみたら？」という考え方に変え、そのうえで彼らに生きていくために必要なコストを減らすしくみを考えてもらおうというものです。「建設コストが10分の1」、「食費が2分の1」、「学ぶためのコストをゼロ」にするにはどうすれば良いのか—。そんな暮らしやすい日本をつくり出すしくみを考えるのですから、子どもたちだけでなく、大人もワクワクするはずです。

NASAの門には「dream can do, reality can do（思い描くことができれば、それは現実にできる）」と刻まれています。私は、この言葉と母の「思うは招く」の言葉を胸に、これからも「どうせ無理…」という言葉によって夢をあきらめてしまう人をひとりでも減らしたいと思っています。

——最後に子どもたちへのメッセージをお願いします。

中学、高校、大学、大学院と進むなかで、誰でも一度や二度は、「どうせ無理…」と思ってしまうことがあるでしょう。そんなときには、ぜひ、「『どうせ無理』はあきらめの言葉、『だったらこうしてみたら？』は可能性を広げる言葉」ということを思い出してください。そうすれば、絶対に夢は実現できるはずです！

植松 努氏
株式会社植松電機　専務取締役。株式会社カムイスペースワークス　代表取締役。NPO法人北海道宇宙科学技術創成センター(HASTIC)理事。全国各地での講演やモデルロケット教室を通じて、人の可能性を奪う言葉である「どうせ無理」を無くし、夢をあきらめない事の大切さを伝える活動を展開中。著書：『NASAより宇宙に近い町工場』(ディスカヴァー・トゥエンティワン)など。

早稲田アカデミー主催　**夏休み特別講義**

学べ！学んだすべてのものを世の人のために尽くしてこそ価値がある

東京大学名誉教授・開成学園校長　**柳沢 幸雄 先生**

8月25日、東京の恵比寿ザ・ガーデンホールで東京大学名誉教授・開成学園校長の柳沢幸雄先生による「夏休み特別講義」（早稲田アカデミー主催）が行われました。参加した700人を越える小・中学生と保護者は、柳沢先生と楽しくやりとりをしながらあっという間の2時間を過ごしました。ここでその様子をお伝えします。

柳沢幸雄（やなぎさわ ゆきお）先生
1947年生まれ、開成中学校・高等学校卒、東京大学工学部卒、ハーバード大学准教授・併任教授を経て、東大大学院教授。工学博士。2011年から開成中学校・高等学校校長。

参加型授業が楽しく展開

柳沢先生が今回の講義のテーマに選んだのは、第1部が「なぜ地球は温暖化するのか」、そして第2部は「なぜ勉強するのか」でした。

ちょっとむずかしそうなテーマの第1部は、参加生徒全員に「表裏が赤と白に塗り分けられたカード」が配られ、先生の質問にそのカードの色で答えるという「参加型授業」で、先生の話術の巧みさも加わって楽しく進められました【写真】。

テーマが「むずかしそう」だったのは、それもそのはず「東大の大学院生が学んでいるのと同じテーマ。それをきょうはちょっとかみ砕いて説明します」（柳沢先生）という内容だったからなのです。その解説は熱の伝わり方のお話から始まりました。「対流伝熱」「伝導伝熱」「放射伝熱」の3つの伝熱は、この場に集まった小・中学生はみんな知っていること。それだけに、講義の内容に冒頭から引き込まれていきました。

とくに放射伝熱とは、電磁波が温度の高い物体から出て、それを低温の物体が吸収して熱を得ることだと説明されました。電磁波とは電気と磁気が関係した波のことです。

そして、温度が16度の地球と、マイナス18度である月の温度の差は、地球を包んでいる空気が熱を外に逃がさないようにしているからだ、ということも分かりました。

地球の温暖化は、温度6千度の太陽から出た波長の短い電磁波が、16度という低温の地球に届いて熱が伝わり、地球から出た波長の長い電磁波は、空気、とくに現在増え続けている二酸化炭素などの温室効果ガスが外に逃がさないようにしていることでその熱がこもるから起こっていることだ、という説明がクライマックスでした。

この間、柳沢先生は何度も生徒たちに問いかけ、白いカード、赤いカードで生徒たちは答えました。会場がひとつになって白熱し、あっという間に時間が過ぎていきました。

「話はちょっとむずかしかったかもしれません。でも、みんながこれから勉強していくなかで、あぁこの話、聞いたことがある、と思い出してくれればそれでいいのです」と柳沢先生。勉強のきっかけになればよいとの意味でしたが、生徒みんなの瞳は好奇心にきらきらと輝き、科学へのスイッチ・オンとなったことは間違いありません。

「このところ、激しい雨が局地的に降り、災害も起こっています。地球が温暖化すれば、海水がより多く水蒸気となって雲となり、多くの雨が降るようになります。それがこのように異常気象とも言われる現象につながっているのです」というお話で締めくくりとなり、拍手のうちに第1部の講義が終了しました。

対話型授業で みんなが考える

10分間の休憩のあとは、第2部「なぜ勉強するのか」です。この第2部は、柳沢先生が壇上を降りて、生徒みんなのフロアを積極的に動き回り、次々と生徒を指名しては質問していきます。そしてその答えにさらに質問を重ねていく「対話型授業」でした。先生は語りかけ、質問しては「はい、君」と指名していきます。はじめはドギマギしていた生徒のみなさんでしたが、すぐに答える方も積極的になっていきました。

柳沢先生は、ものごとを考えるとき、まず6つの疑問詞に沿って考えていくと確実に疑問が解けていくと教えてくれました。「人」「時」「場所」「物」「理由」「方法」の角度から考えていくと考えやすいというのです。つまり、人＝「誰か」、時＝「いつか」、場所＝「どこか」、物＝「なにか」、理由＝「なぜか」、方法＝「どのようにして」という6つの疑問詞の角度から考えていくのです。

では、今回のテーマ「なぜ勉強するのか」という疑問です。

まず人、つまり「誰」が勉強するのでしょう？　これには「自分」という答えがすぐに返ってきました。

「いつ」という質問には「朝」「いま」や「やりたいと思ったとき」という答えが出てきましたが、柳沢先生はさらに「ずっと」という答えを導きだします。「そうだ、勉強は生涯していくものだよ。」

「どこで」勉強するのかという疑問には「家」「塾」「学校」「電車のなか」などの答えが出ましたが、柳沢先生は「学校を卒業したあとはどうなる？」と聞き返します。そして卒業しても社会のどんな所でも勉強する、つまり、人は「どこであっても勉強する」という答えを引き出します。

「なにを」勉強するのかという質問には、さまざまな答えが出ましたが、柳沢先生は「人類が誰も知らないことを勉強すること、研究すること」の価値を説きました。

そして方法、「どのようにして」勉強するのか…。「答えはひとつだとしても、そこにたどりつくにはいろいろな方法がある」「覚える。考える。確かめる。尋ねる。調べる」などの方法が引き出されました。

最後に「なぜ」勉強するのか、という疑問です。これに対しては、「知ることが楽しい」「知らないということを知ることが楽しい」「できないことができるようになることが楽しい」そして、「新しいことを知ることによって、さらに新しいことを知ることができる、それが楽しいんだ」という答えを導き出しました。

1人ひとり、「なぜ勉強するのか」の答えはちがいます。ちがっていいのだと柳沢先生は言います。

勉強が大好きな柳沢先生は小学校6年生のときの担任、内山壽一先生が教えてくれた言葉を座右の銘としているそうです。それこそが、先生自身が「なぜ勉強するのか」の答えでした。「学問とはそれ自身が尊いものではない。学べ、学べ、学んだすべてのものを世の人のために尽くしてこそ価値がある。」

余韻の残るこのすばらしい言葉のうちに特別講義は終了しました。

開成中学校・高等学校

所在地：東京都荒川区西日暮里4-2-4
ＴＥＬ：03-3822-0741
アクセス：JR線・地下鉄千代田線・日暮里舎人ライナー「西日暮里」徒歩2分
ＵＲＬ：http://www.kaiseigakuen.jp

Premium school

桜蔭中学校

OIN Junior High School

東京／文京区／女子校

「礼と学び」の心を培い 各方面で活躍する女性を育成

東京大や医学部など、難関大への抜群の進学実績を誇るトップ校として知られる桜蔭中学校・高等学校は、1924年（大正13年）に東京女子高等師範学校（現・お茶の水女子大）の同窓会である「桜蔭会」によって設立された女子校です。建学の精神である「礼と学び」を重んじた教育が特徴の同校では、長い伝統に支えられ、知・徳・体の調和のとれた女性の育成が目指されています。

OIN Junior High School

桜蔭中学校

所在地：東京都文京区本郷1-5-25
交　通：都営三田線「水道橋駅」徒歩3分、JR線「水道橋駅」徒歩5分、地下鉄丸の内線・都営大江戸線「本郷三丁目駅」徒歩7分
生徒数：女子のみ716名
T E L：03-3811-0147
U R L：http://www.oin.ed.jp/

入試情報（2015年度）

募集人員	女子240名
出願期間	1月20日(火)～1月23日(金) 9:00～15:00
試験日	2月1日(日)
合格発表	2月2日(月)
入学手続き	2月3日(火)10:00～13:00

選抜方法　・筆記試験（国語・算数・社会・理科）
・生徒面接　・保護者面接

人としての「礼」を重んじ 偏りなく学び、よき社会人を育む

まだ女性が十分な教育を受けられる環境が整っていなかった明治時代に、日本で最初の高等教育を受けられる専門機関として設立されたのが、東京女子高等師範学校でした。そこはまさに、勉学への熱い意欲に燃える俊英が集う、女子の最高学府にふさわしい場でした。その卒業生たちが、中等教育段階からのより充実した女子教育の必要性を痛感し、志をもって同窓生に呼びかけ、同窓会組織「桜蔭会」を中心に寄付を募りました。そうした人々の思いを体現して創立されたのが、桜蔭中学校・高等学校です。数ある私立学校のなかで、同窓会が創立にかかわった事例は数少なく、大きな特徴といえるでしょう。

理想の女子教育を模索する桜蔭は、今では例年東京大をはじめとした難関大学への合格者数や医学部医学科への進学者数、そして現役合格率の高さで注目される進学校となっています。

質の高い授業を志向し高い知性を磨き、精神力を鍛えることを目指しており、その結果として大学進学面で高い実績が出ています。しかし、それらの数字は桜蔭の教育のほんの一面を物語るものに過ぎません。その根幹には、「礼と学び」という建学以来変わることのない精神がしっかりと息づいています。それは、桜蔭学園がスタートする時に熱い想いを寄せた先輩たちの精神でもあるのです。

「学び」という点では、たんに大学進学のための勉強に偏ることなく、基礎基本を大切にする授業が展開されています。当たり前のことを当たり前に学習すること、それこそが桜蔭の真髄だといえるでしょう。基盤をしっかりと構築したうえで、中高6カ年を見通し精選されたカリキュラムのもと、良質な授業が実現されています。また、桜蔭では、高校段階であっても、文系・理系といったコース分けは行われません。偏りなく幅広く学ぶことが真の教養となると考えるからです。

一方の校是である「礼」については、今も「礼法」が授業に取り入れられ、他者に対する思いやりや人間として大切な立ち居振る舞いを学びます。校内には礼法室が備えられていますが、たんにマナーを修得し礼儀作法を身につけることだけではなく、高い人格形成に資するものへと昇華させていくのが桜蔭の「礼」なのです。

女子教育の先駆者として 質のよい授業を実践

授業の質がよいことはいうまでもありません。それは内容が難しいという意味ではなく、生徒も先生も少しの時間もおろそかにすることなく真剣に授業に取り組むということです。6カ年一貫教育のメリットを活かし中学段階から高校学習内容を無理なく取り入れる教育手法を採用することで、質のよい授業を可能としています。

また、独自教材も積極的に活用され、教科書の範囲に限られない学びが展開されています。

授業に臨む際には、予習・復習がもちろん不可欠ですが、桜蔭では、こうした日々の学習を怠るこ

となく取り組んでいけば、大学受験に必要な学力をしっかりと培うことができるのです。その背景には、これまで桜蔭が積み重ねてきた豊富な指導データと教育実践の成果をベースに、生徒一人ひとりの状況を細かく見守る態勢が整えられていることが大きな要因でしょう。定期的に先生と生徒との面談が設定され、各人の課題や悩みに先生方が真正面から取り組んでいるのが特徴です。そして、学習面において何か気になる点が見つかった時には、各教科の担当教員が担任等と連携しながら生徒に対応し、きめ細かく指導することが日常的になされています。「理想の女子教育」を標榜する桜蔭にふさわしい先生方の支援態勢といえるのではないでしょうか。

さらに、独自のカリキュラム編成も注目されます。その一例が、中3の「自由研究」です。それまでに学んできたことの集大成として、各自が自由にテーマを設定して4月からの1学期間をかけて論文にまとめあげるものです。

テーマは多様であり、「多重人格ー解離性同一性障害」「相対論的宇宙論」「携帯電話のリサイクルについて」「日本の裁判はなぜ長期間かかるのか」など多岐にわたっています。内容も中学3年生とは思えないほど充実したものです。ここで取り上げたテーマへの関心が、その後の進路決定につながっていく場合もあります。

多彩な学校行事も桜蔭らしさが光る

修学旅行は、中学が東北、高校が関西方面という伝統が長く続いています。事前に行き先の地理や歴史、文化について十分な下調べを実施し、帰ってから、それらをレポートにまとめるというスタイルも伝統となり根づいています。

また、中1、高1が2泊3日で参加する浅間山荘合宿、校内プールで実施される中2の特別水泳指導、学年を越えた縦割りチームで競いあう体育大会、2日間にわたって行われる文化祭など、学校行事も多彩です。このほか、球技大会が年2回、オペラ鑑賞、能楽・歌舞伎鑑賞など、本物の芸術に触れる機会も多くあり、様々な体験を積み重ねていきます。これらの行事も教育の重要な要素であり、桜蔭の「学び」は、たんなる机上の学問が全てではないという姿勢がうかがえます。

また、高2まで必修となっているクラブ活動も活発です。体育系、文化系を合わせて32のクラブがあります。体育系のバレーボール部、バスケットボール部、卓球部には週1日放課後活動するⅠと、週3日の放課後活動のほか、朝練・昼連も行うⅡのふたつが用意されており、自分に合った活動内容を選べることも魅力です。

生徒たちは、限られた時間を上手にやりくりしながら、中学生と高校生が一緒になって熱心に活動しています。クラブ活動により学年を越えた日常的な交流が行われ、縦の交友関係が築かれていきます。先輩たちの姿から、下級生が学ぶものも多いようです。

充実した教育設備のもと理想の女子教育を目指す

JR線「水道橋」駅から徒歩数

自然に親しむ日

浅間山荘合宿

体育大会

文化祭

中3自由研究発表

分のところに、通称「桜蔭坂」と呼ばれる少し急な坂「忠弥坂」があります。この坂を上りきった文京区本郷の高台に、桜蔭中高はあります。あたりは都心とは思えないほど閑静な環境です。

２００３年（平成15年）に完成した校舎は、高低差が10ｍ以上もある傾斜地に建設せざるをえず、都心に位置することもあって制約が多く、設計・施工は困難をきわめたそうです。しかし、様々な工夫と努力によって、堅牢で耐震性に優れ、歴史ある従来の校舎とも一体感のある建物となっています。西館を含め校内には礼法室をはじめ、天体観測ドーム、プラネタリウム、LL教室、コンピューター教室、温水プール、大教室、図書室、理科や芸術科目の特別教室、体育館など、充実した教育設備が整えられています。また、カウンセリングルームや相談コーナーも設置され、常時カウンセラーが待機し、生徒の相談にのることができる態勢がとられています。

都心というロケーションの制約から運動場を広く確保することが困難なため、東京都下の西東京市に「ひばりが丘運動場」が設けられています。約１万㎡の敷地に、グラウンドと一般科目の授業もできる教室を備えた建物が付随した施設となっています。

さらに学園の施設として、群馬県北軽井沢に「浅間山荘」があり、夏期合宿などの宿泊を伴う学校行事などに活用されています。

医学部志望者多数 理系志向が高まる

例年、難関大学に数多くの合格者を輩出することで知られる桜蔭。近年の顕著な傾向として、「理系の桜蔭」とも呼ばれるほど、生徒たちの理系志向の高まりがあげられます。

理系進学者のなかでも、最近は医学部へ進む卒業生の比率が高くなりつつあり、年によっては卒業生の7人にひとりが現役で医学部医学科に進学したこともあったそうです。

進路先も幅広く、数は少ないものの海外の大学を目指す例もあります。アメリカのMIT（マサチューセッツ工科大学）に進学した卒業生もいました。

生徒は各人が将来の目標を自分で見つけ、それに向かって進路を決定していきます。それぞれの進路決定には、卒業生の豊富なデータが活かされていることが特徴です。進路を選ぶ過程において、多くの先輩たちがどのような軌跡をたどったのかを参考とし、万全の進路選択が可能となっているのです。早い時期から将来に対する展望を持てるように指導していることもあり、一人ひとりがしっかりと自分の進路を検討できる態勢が整っています。

桜蔭では、着実な教育実践を積み重ねることで、高い教育効果を発揮しています。まじめで努力家が多いという印象ですが、校内には明るく元気な生徒の姿が目立ち、楽しく充実した学校生活を送っているようすが分かります。

桜蔭の卒業生は様々な方面で活躍しています。「礼と学び」を大切にした女子教育は、今後も有能な女性を世に送り続けることでしょう。

英語劇部

東北旅行

バスケットボール部I

桜蔭中学校

OIN Junior High School

社会の各方面で活躍する有能な女性を送り出す

創立にあたっては、東京女子高等師範学校（現・お茶の水女子大学）の同窓会「桜蔭会」が、念願であった理想の女子教育を実現する場として設立した経緯があります。以来90年、建学の精神「礼と学び」を根幹に心を養う教育を展開してきました。豊かな教養を身につけ、よき社会人として行動できる女性の育成を目指し、卒業生は幅広い分野において活躍しています。桜蔭の教育について、佐々木和枝校長先生にお話を伺いました。

佐々木《ささき》 和枝《かずえ》　校長先生

一人ひとりを見守る丁寧な指導によりそれぞれの個性を伸ばす

明るく伸びのびと自分の力を発揮できる

【Q】御校の沿革と建学の精神についてお願いします。

【佐々木先生】関東大震災で一帯が全焼した翌年の1924年（大正13年）に開校いたしました。ここは、東京女子高等師範学校の同窓会である「桜蔭会」の会館や寄宿舎があった場所です。桜蔭会の方々は以前から女子の学校を設立したいという念願があり、理想の女学校を創立しようということで本校がつくられました。初代校長も同窓生のなかから選挙で選出しました。

開学にあたり、「勤勉・温雅・聡明であれ」「責任を重んじ　礼儀を厚くし　よき社会人であれ」との校訓を掲げました。礼を重んじることと、当時は女性が学問を修めることに理解がなかった時代ですが、女性が学ぶことを重視しました。「礼と学び」を大切にしてきた学校です。

【Q】現在の桜蔭は、どのような特徴のある学校でしょうか。

【佐々木先生】中学校に入学してきた新入生は、「桜蔭はまじめでかたい感じの学校だと思っていました。でも、入学してみたら、そうでないことがすぐに分かりました」と口をそろえて言います。

明るく元気な友だちがたくさんいて、楽しい生活を送っている学校です。それは優れた資質を有した生徒たちが集い、互いに自分の持てる力を発揮できる場が醸成され、切磋琢磨しながら成長しているからだと思います。さらに、その生徒に応える熱意あふれる先生方がいます。そうした環境で、伸びのびと各人の個性を伸長できているのではないでしょうか。

【Q】生活指導についてお話しください。

【佐々木先生】生徒をよく見守ることが第一だと考えています。中高生の時期に必ず直面する課題があります。それは自立していくための親との葛藤、友だちとの関係、

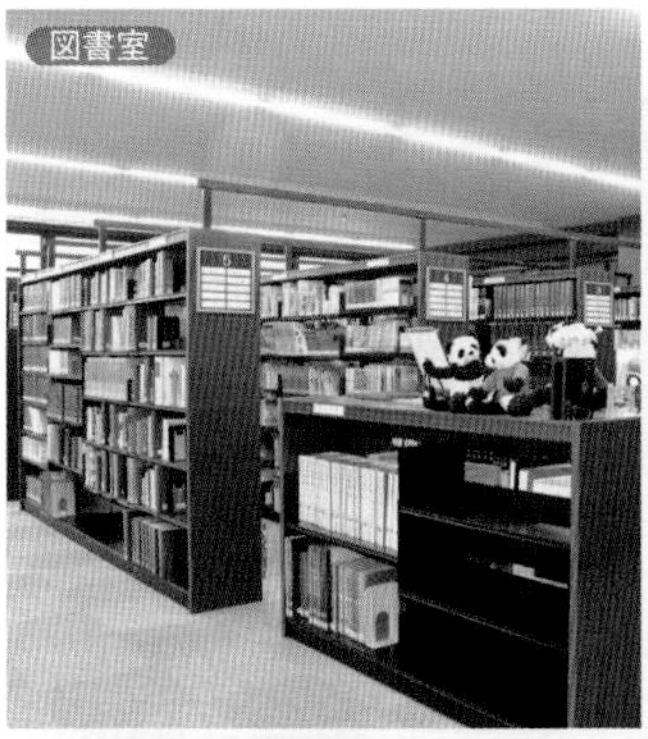
図書室

温水プール

ロビー

講堂

天体観測ドーム

ひばりが丘運動場

進路に対しての悩みなどです。生徒指導については、こうした生徒の相談に対するフォローも含め、担任の教諭をはじめ教科の担当者が互いに情報を共有し、相談しあって考えていきます。きめ細かく見守り、迅速に対応していくようにしています。

座学では学べないことを修得する学校行事

【Q】行事の多い学校ですね。

【佐々木先生】体力面では、体育大会が最大の行事です。競技は、伝統的な種目もありますし、生徒が考え出したオリジナル競技もあります。クラスごとに学年を縦割りにしてチームを組んで競います。下級生は上級生と共に活動できることがうれしいようです。

また、中学2年生を体力づくりの学年と位置づけ、6月と11月の毎土曜日に「ひばりヶ丘」にある本校運動場に直行し、2時間は普通の授業に、そして2時間は体育にあてています。夏休みには泳力別に特別水泳指導もします。

文化的な行事としては生徒が力を注ぐ文化祭があります。生徒が企画・運営を行い、1年がかりで準備しています。校外からも多くの方がお見えになります。

【Q】学習指導はどのように行われていますか。

【佐々木先生】根本から地道に一歩ずつ学ぶことを大切にしています。場合によっては回り道したりすることもありますが、基礎・基本を大事にしながら学びます。

本校の特徴は、教員が面倒見よく接していることだと思います。提出物についての指導や学習面で気になる点が見つかった時などは、個別に対応するようにしています。丁寧な学習指導がなされていると思います。

【Q】桜蔭中を目指す方々へのメッセージをお願いします。

【佐々木先生】説明会や文化祭にお越しいただいて、桜蔭がどんな学校かをご理解いただき、本校の生徒や学習環境を直接に見ていただければと思います。受験準備は大変な面もあると思いますが、がんばってください。お待ちしております。

アクティ & おかぼん が

早稲田アカデミーNN開成クラス理科担当の
阿久津豊先生が解説

キユーピー五霞《ごか》工場に行ってきました!

1925年に日本で初めてマヨネーズを製造・販売したキユーピーは、約90年もの間、私たちの食卓においしさと安心を届けてくれています。そんなキユーピーマヨネーズのことや、マヨネーズができるまでを「キユーピー五霞工場」のオープンキッチンで楽しく学びましょう!

キユーピーは、「工場は家庭の台所の延長」と考えて工場見学を「オープンキッチン」と呼んでいるんだ。

工場見学 オープンキッチンでキユーピーマヨネーズができるまでを見学しよう!

1分間に600個もの卵を割る割《かつ》卵《らん》機《き》

卵機という機械で1分間に600個もの
割り、自動的に卵黄だけを取り出しま
割卵機は2時間ごとにキレイに掃除さ
います。

すごいスピードだね! マヨネーズに使われない白身、カラはどうなるのかな?

以外の有効活用

- 卵黄 → マヨネーズ
- 卵白 → 菓子、かまぼこ、ハム
- 卵殻 → カルシウム強化食品
- 卵殻膜 → 化粧品、うまみ調味料

卵の白身やカラ、うす皮も捨てずに全部使われているんだ。

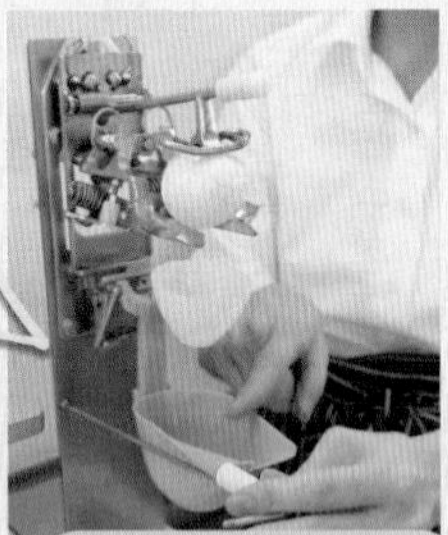

透明のカップの切れ目から白身だけが下の受け皿に落ちるから、黄身と白身に分けられるんだ!

みんな知ってる? 教えて! キユーピーマヨネーズ Q&A

Q. 「マヨネーズ」と呼ばれるにはきまりがあるの?

A. マヨネーズと呼ぶには、植物油・酢・卵の3種類を必ず使用しなければなりません。このほか塩などの調味料は問題ありませんが、着色料や保存料を使ってしまうと「マヨネーズ」ではなくなってしまうのです。

キユーピー マヨネーズの原料

Q. どうして「マヨネーズ」という名前になったの?

A. 18世紀半ば、メノルカ島(スペイン)の港町マオンの食堂で、フランスのリシュリュー公爵《こうしゃく》がお肉に添えられたソースを気に入り、「マオンのソース」としてパリで紹介しました。それが「マオンネーズ」と呼ばれ、「マヨネーズ」と変化したといわれています。

スペイン　メノルカ島

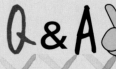

包装・箱詰

マヨネーズの包装と同時に、外袋にも賞味期限が印刷されます。包装されたマヨネーズの箱詰はロボットが行っています。

キャップ閉め

ボトルに残った空気をとるため、絞り出し部分に窒素を吹きかけ、アルミシールとキャップで完全に密封します。空気によってマヨネーズが酸化し風味が変わってしまうことを防いでいます。

このあと、キャップにも賞味期限が印刷されるよ。

充《じゅう》填《てん》機《き》

ボトルの絞り出し部分を下向きにしてカットした後、コンピューターが自動的にマヨネーズをボトルへ入れます。

切りくずが入らないように、ボトルを下向きにしてカットしているんだ。

そして…
トラックに乗せて
全国へ出荷!!

みんながいつも食べているキューピーマヨネーズには、おいしさ・健康に対する工夫がたくさんつまっていたね。食生活について正しく理解し、健康で楽しい生活を送ろう!

オープンキッチンで記念品がもらえたよ!

何が入っているか楽しみだね!

記念品が入ったこの袋は、マヨネーズを詰める時に切り離されたボトルチップを再利用したものなんだ。

サラダバーで試食

レストランみたいだね。

オープンキッチンの後は、レタスやキャベツなどの野菜を自由に取って、キユーピーのマヨネーズやドレッシングをかけて試食ができるコーナーがあります。

INFORMATION

キユーピー五霞工場

●工場所在地/茨城県猿島郡五霞町小手指1800 ●見学時間/開始10:00～、13:30～（所要時間/約1時間30分）※開始15分前までにご来場ください。●料金/無料 ●お申込み方法/TEL. 0280-84-3925 ※インターネットでのご予約も可能です。●アクセス/電車の場合…JR「栗橋駅」から車で15分、東武「南栗橋駅」から徒歩20分、車の場合…東北自動車道「加須IC」から20分、「久喜IC」から20分

マヨネーズ×野菜は相性バツグン！

緑黄色野菜に多く含まれるカロテノイド（β-カロテンやルテインなど）は、油に溶け、水に溶けない栄養素。そのため、油と一緒に食べるとカロテノイドが溶け出し、栄養の吸収量がアップするといわれているんだ。さらに、マヨネーズと野菜を一緒に食べた場合、吸収量は油の時の約3.5倍にもなることがわかったんだ。卵黄による乳化のはたらきで油の粒が細かくなり、一緒に食べた野菜の栄養素（カロテノイド）をどんどん溶かすというわけなんだ。だからブロッコリーやにんじんなどの野菜をマヨネーズと一緒に食べると、より効果的に栄養が体に吸収されるぞ！

Q. 1年間でキユーピーが使用する卵の数は何個？

A. キユーピーが使う卵の数は年間で約42億個。横向きにつなげたら約25万kmになり、地球を約6周する長さになります。日本で年間に生産される卵の約10%をキユーピーが取扱っています。

Q. キユーピーは男の子？女の子？

A. キユーピーは男の子でも女の子でもありません。元気な男の子、かわいい女の子、両方の魅力をもっています。

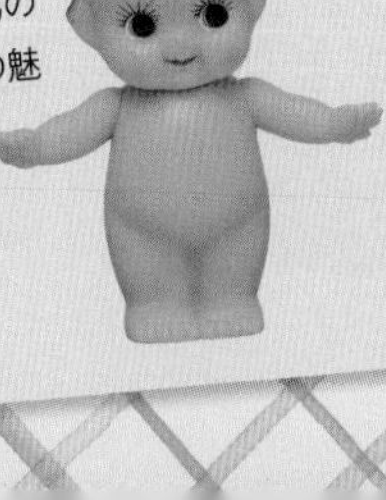

Q. マヨネーズのボトルにはどんなヒミツがある

A. マヨネーズの天敵は酸素です。植物油が酸化すると風味が落ちてしまいますので、酸素を通しにくいプラスチックの層をはさみ、酸素から守っています。おいしさを保つた
プラスチックとポリエチレンという素材が何層にも
なっているのです。

聞いてビックリ
知って納得

都道府県アンテナショップ探訪

これまでいくつの都道府県を訪れたことがありますか？各都道府県には、まだあまり知られていない名所や習慣が多く存在します。今回は、『いきいき富山館』の上野さんに富山県の魅力をお聞きしました。

黒部峡谷《くろべきょうこく》

トロッコ列車で絶景を満喫

谷の中でも特に深いものを、「峡谷《きょうこく》」と呼びます。なかでも、黒部峡谷は、山頂から川面までの距離が2,000m以上のところもあり、その深さは日本一です。黒部峡谷の宇奈月《うなづき》から欅平《けやきだいら》までは、トロッコ列車が走っています。トロッコ列車は、もともと黒部ダムの建設資材を運ぶ目的で造られたため、窓のないつくりになっていて、開放感あふれる客車からのながめは絶景！特に、10月下旬から11月中旬の紅葉の時期には、赤や黄色で彩られた美しいながめが楽しめます。黒部峡谷は、全国でも有数の紅葉スポットとしても知られています。

「きときと」とは？

代表的な富山弁のひとつで、「新鮮」「いきいき」といった意味です。富山県の海の幸を表現するのにぴったりな言葉として、様々な場面で使われています。

いきいき富山館
上野 素直さん

元気とやまマスコット
『きときと君』

身長●立山の1,500分の1
体重●ブリ5本分くらい
お仕事●2015年春に北陸新幹線が富山県にやってくることを、県民の皆さん、県外の皆さんにお知らせすること。

お土産売れ筋ランキング

1 しろえびせんべい

富山県名物の「シロエビ」を贅沢に使った『しろえびせんべい』。シロエビの上品な風味と、パリっとした食感が魅力です。

2 かまぼこ

新鮮な海の幸に恵まれた富山県では、たくさんの種類のかまぼこが生産されています。特に、魚のすり身を昆布で巻いた富山県ならではの昆布巻きのかまぼこが人気です。

細工かまぼこ

『いきいき富山館』では、色鮮やかな細工かまぼこも扱っています！富山県では、結婚式などのお祝いの席で縁起物として登場します。

3 ます寿し

駅弁で常にトップクラスの人気を誇る「ます寿し」。富山県の定番の味として知られています。『いきいき富山館』では、様々な店舗のます寿しが日替わりで販売されているため、味の違いを楽しむことができます。

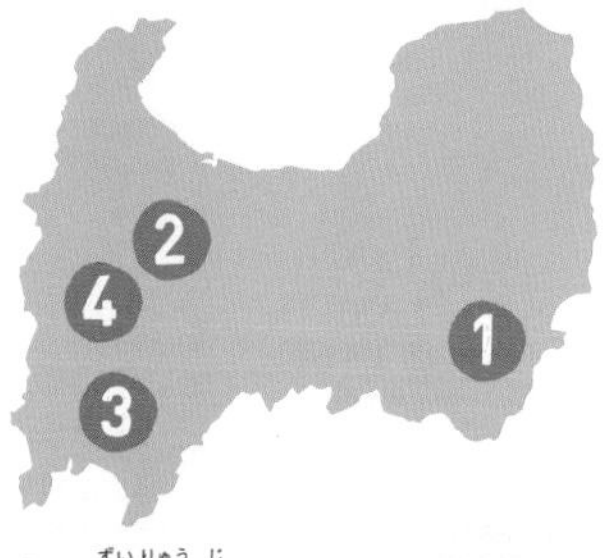

富山県基本情報

面積…… 4,247.62㎢
人口…… 1,070,850人
(2014年8月1日現在)
県の木… タテヤマスギ
県の花… チューリップ
県の鳥… ライチョウ

❶ 黒部ダム

黒部ダムは、高度経済成長期の電力不足を解消するために、昭和31年から7年の歳月をかけて建設されました。ダムのえん堤の高さが186mと、その規模はとても大きく、日本一を誇っています。また、総貯水量は約2億㎥で、東京ドーム約160個分の水が溜められるほどなんです。黒部ダムの美しいアーチと、そのスケールの大きさをひと目見ようと、年間およそ100万人もの人が訪れています。

❷ 瑞龍寺《ずいりゅうじ》

瑞龍寺は、加賀藩二代目藩主前田利長《としなが》の菩提寺《ぼだいじ》として、建立されました。江戸初期の建築技術をしめす美しい造りで、「山《さん》門《もん》」、「仏殿《ぶつでん》」、「法堂《はっとう》」が国宝に指定されています。

❸ 五箇山合掌造り集落《ごかやまがっしょうづくりしゅうらく》

五箇山地区の合掌造り集落は、ユネスコ世界遺産に登録されています。冬の豪雪に耐えるため、雪が自然と落ちやすく、また、雪下ろしも楽にできるようにと、急な勾配《こうばい》の屋根を持つ、頑丈な造りの合掌造り家屋が建てられました。合掌造りの家屋は、床下では火薬の材料である塩硝《えんしょう》を作り、屋根裏を利用して蚕《かいこ》を育てるなど、生活と生業を一体化した合理的なつくりになっています。三角形の屋根の形が、手のひらを合わせた様子に似ていることから、その建築様式を「合掌造り」と呼ぶそうです。

❹ 砺波《となみ》チューリップ公園

チューリップの球根生産量が全国一位の富山県。砺波チューリップ公園は、県の花でもあるチューリップをテーマに、四季折々の花が植えられています。4月下旬から5月上旬に開催される『となみチューリップフェア』では、約650品種、約250万本のチューリップが咲き誇る様子が楽しめます。

「天然のいけす」といわれるほど、おいしい魚が豊富な富山湾。これは、沿岸から急激に深くなる独特な地形に理由があります。漁の場所が漁港から近く鮮度が落ちる前に市場へ出荷することができるため、富山県ではとれたての魚を食べることができます。

ブリ 富山湾の代表格である「ブリ」。なかでも、11月から1月にかけて収穫される「寒ブリ」は、最も特に脂がのっていて、お刺身にして食べるととろけるような味わいです。

ホタルイカ 富山湾産のホタルイカは、他県産にくらべて大きいのが特徴です。海の中で青白く幻想的な光をはなつホタルイカは、『富山湾の神秘』とも呼ばれています。

シロエビ 濃厚な甘味が魅力のシロエビは、富山湾が日本で唯一の専業の漁場です。シロエビは深い海の底をすみかとするため、海底谷を持つ富山湾に多く生息しています。

とやまの名水

蛇口をひねればおいしい水が飲めるといわれる富山県は、環境省が選定する「名水百選」に計8か所が選ばれている名水どころです。

そのおいしさは、国際的にも高い評価を受けています。富山市の水道水をペットボトルに詰めた『とやまの水』は国際的な消費生活製品の品質コンクールのモンドセレクションにおいて、2年連続で最高金賞を受賞しているんです。『とやまの水』は『いきいき富山館』でも購入することができますので、富山県の自然が生み出したおいしい水を、ぜひ一度味わってみてください。

富山の薬売り

富山県の中心的産業である医薬品産業は、古くから続く「おきぐすり」のシステムで知られています。その販売方法は、あらかじめ各家庭に何種類もの薬を預けておき、次に訪問したときに使用した分だけ代金を受け取るというものです。このシステムが始まったきっかけは江戸時代までさかのぼります。富山藩二代目藩主の前田正甫《まさとし》が江戸城に参勤した際に、腹痛を起こした大名に「反魂丹《はんごんたん》」という薬を与えたところ、すぐに治ってしまったと言われています。この様子に驚いた諸国の大名たちが自国での行商を依頼したことから、「売薬《ばいやく》さん」と呼ばれる富山の薬売りは広くに知られるようになりました。

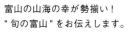

受け継がれる伝統

高岡銅器

加賀藩二代目藩主の前田利《とし》長《なが》が、高岡の街を開いたときに、7人の職人を呼び寄せ、鋳物《いもの》づくりをさせたことが高岡銅器の始まりと言われています。銅器生産の歴史が400年以上ある高岡市では、梵鐘《ぼんしょう》・茶器・香炉《こうろ》など、多くの銅器を生産しており、出荷額、販売額は全国一のシェアを誇っています。近年ではその高い技術を応用し、様々なデザインの工芸品が作られており、幅広い世代に受け入れられています。

お仕事見聞録

「働く」とは、どういうことだろう…。さまざまな分野で活躍している先輩方が、なぜその道を選んだのか？仕事へのこだわり、やりがい、そして、その先の夢について話してもらいました。きっとその中に、君たちの未来へのヒントが隠されているはずです。

PROFILE
1985年生まれ。2004年3月静岡県立静岡商業高等学校卒業。2008年3月東海大学海洋学部航海工学科国際物流専攻卒業。同年4月にヤマト運輸株式会社に入社し、静岡主管支店に配属される。同主管支店の清水支店で宅急便センターの集配管理・運営業務全般に携わった後、中部支社にて集配業務改革を担当。2012年6月に本社営業戦略部へ異動後は宣伝業務に従事し、現在に至る。

広告宣伝担当者

ヤマト運輸株式会社

服部　亮太 さん

—ヤマト運輸とはどのようなことをされている会社ですか？

お客さまから預かった荷物を日本国内はもちろんのこと、海外の国々を含め、ご指定の場所までお届けする会社です。

具体的には、全国約４０００箇所のセンター（宅急便営業所）に持ち込まれた荷物、コンビニエンスストアなど全国に約26万店ある取扱店に預けられた荷物、そして、セールスドライバーがお客さまのご自宅で受け取った荷物は、まず、地域のセンターに集められます。次に、各地域にあるセンターから全国に設けられた「ベース」に集められ、届け先別に仕分けられます。その後、荷物はトラックに積み込まれ、届け先にあるベースに送られます。そこから地域のセンターへと運ばれ、セールスドライバーが責任を持って指定された場所にお届けする―。これが私たちヤマト運輸の仕事です。

—【広告宣伝担当者】とはどんな職業ですか？

広い意味での【広告宣伝担当者】とは、自分の会社や商品を多くの人に知ってもらうために、それらをPRする人のことを言います。

SCHEDULE

服部さんのある一日のスケジュール

8:30	出勤
9:00	メール・書類、業界ニュースの確認
10:00	新サービス・商品プロモーションの社内打ち合わせ
12:00	昼食
13:00	広告代理店との打ち合わせ①
15:00	広告代理店との打ち合わせ②
16:00	提案資料の作成・書類整理
18:30	退勤

しかし、ヤマト運輸の場合は〝売るための商品〟は存在しません。そこで、テレビCMなどを通じ、「ヤマト運輸はこんな会社です」と、ヤマト運輸の取組みやサービスの品質などを世の中の人に伝える、これが【広告宣伝担当者】の仕事になります。

たとえば、今、流れているテレビCMのテーマは『みんなの通販を支える力に』です。これは、最近、通信販売で買い物をされる方が増えたことを受け、購入した商品を都合の良い日時や場所で確実に受け取れるサービス（登録無料のクロネコメンバーズの会員のみ）があることをお知らせするために企画したものです。

また、5年ほど前からTOKIOのみなさんにCM出演をお願いしています。これは、視聴者の方にセールスドライバーにふんしたTOKIOのメンバーを見ることで、5名の方々の持つ「さわやかさ」「親しみやすさ」「元気」、そして、「チームワークの良さ」などのイメージを、ヤマト運輸のセールスドライバーのイメージと重ねてもらいたいと考えてのことです。

そのほか、集配車両のミニカーなど、オリジナルグッズを企画するのも【広告宣伝担当者】の仕事です。

—この仕事を選んだきっかけは？

大学で「船を使ったモノの流れ＝物流」について広く学んだのがきっかけです。「物流が社会を支え、発展させている」と感じた私は、陸海空、あらゆる手段やルートを使って、確実で安全、そして早くモノを運ぶ方法を提案できるような仕事に就き、社会に貢献したいと思うようになりました。

数ある「物流」にかかわる企業のなかからヤマト運輸を選んだのは、『ヤマトは我なり（自分自身＝ヤマトの代表としての自覚を持つ）』という社訓に引かれたからです。また、「クール宅急便」や「スキー宅急便」など、常にお客さまの声に耳を傾け、新しいサービスを作り上げてきた社風に魅力を感じたのも、ヤマト運輸で働きたいと思った動機のひとつです。

—この仕事をしていてうれしかったこととつらかったことを教えてください。

うれしいのは、自分が企画したCMが流れているのを見たときです。

なお、私が最初にかかわったCMは『嵐電・ネコロジー』編です。これは、ヤマト運輸が京福電気鉄道株式会社と協力し、京都市嵐山周辺を走る路面電車（嵐電）を活用することで二酸化炭素排出量の削減の取組みをスタートさせたときのものです。すでに内容が決まってからの配属だったので、私は撮影に立ち会っただけでしたが、目の前でTOKIOの方々が真剣に演技されている姿を目にし、自分がこれからかかわっていく仕事の大きさを改めて実感したのを今でも覚えています。

つらいのは、いろいろな人に協力してもらったうえで提案した企画が通らなかったときです。そんなときは、つらさ以上に、協力してくれた方々に対する申し訳なさを強く感じてしまいます。また、ときには「ヤマト運輸のイメージはこうだろう」と提案した内容が「うちの会社のイメージは本当にそれで正しいの？」と言われてしまうことも…。日々、セールスドライバーやヤマト運輸のイメージを宣伝することの難しさを痛感しています。

—企画するときに心がけていることは？

常に、お客さま目線、会社目線、セールスドライバー目線、この3つの目

線のバランスを取ることです。

というのも、「いつでもどこでも配達します！」とアピールすれば、お客さまは他の配送業社よりもヤマト運輸のほうを選んでくださるかもしれません。しかし、実際問題、セールスドライバーに24時間、どんなところまでも配達に向かわせることは不可能です。だからこそ、お客さまの声や会社の成長を意識しながらも、常に第一線で働くセールスドライバーの声に耳を傾けることも忘れないようにし、「実現できることで、お客さまがヤマト運輸を選ぼうと思われるのはどんなときだろうか」、これを常に考えるように心がけています。

―この仕事に就くための資質とは？

常にアンテナを高く張り、世の中の出来事や流行っていることなどの情報を広く収集できる力は必要だと思います。今のＣＭも、「通信販売で商品を買うお客さまが増えた」と感じたからこそ発案できたのです。

―学生時代にするべきことは？

ひとつ目は、社会人になってから幅広く情報を収集するためにも、積極的に友人や周りの人とコミュニケーションをとり、さらにはさまざまな経験をしたほうが良いでしょう。

ふたつ目がいろいろなジャンルの本を読むことです。これは、知識を身につけるという意味もありますが、本をたくさん読んでいたほうが、バリエーション豊富な文章を書くことができるからです。社会人になると人に読んでもらうための文章を書く機会が増えます。そんなときに、私のように「この言い回しで正しい？」と悩まないためにも、時間にゆとりがある学生時代にこそ、読書をしておくべきだと思います。

―これから服部さんが絶対に成し遂げたいことは？

【広告宣伝担当者】としては、「ヤマト運輸のＣＭと言えば○○だよね」と、多くの人に言ってもらえるようなＣＭを作ることです。記憶に残るフレーズ、歌などが生み出せたらと思います。

―子どもたちへ将来に向けてのメッセージをお願いします。

もしも世の中から「物流」がなくなればどうなるでしょうか。私たちヤマト運輸のセールスドライバーがご自宅に荷物を届けることができないのはもちろんのこと、スーパーやコンビニに食料なども届けられなくなります。今、「物流」は電気やガスと同様に生活に欠かせない存在、つまり、「物流」は社会を支え、そして、発展させる源のひとつなのです。そう考えるからこそ、私は、「物流」に関わっていることに誇りを持ち、これからも一人ひとりのお客さまに適した「物流」を提案し続けていきたいと考えています。

言うまでもありませんが、世の中には「物流」だけではなく、社会にとって欠かせない仕事がたくさんあります。自分自身の仕事に自信を持ちながら社会貢献ができる大人になるためにも、ぜひ、興味のあることには何でもチャレンジしてみてください。いろいろな経験をするうちに、必ず、「この仕事を通じて社会貢献したい！」と思える仕事に出会えるはずです。

―仕事とは？

自分を幸せにするもの
誰かを幸せにするもの

服部亮太

6年後
夢をかなえる
中学校

夢中

獨協中学校

副校長　笠井 淳三先生

自分以外の誰かの為に行動できる人間を育てたい

本校が目指しているのは、“自分以外の誰かの為に行動できる人間を育てたい”ということです。「自分が」ではなく、「誰かを」幸せにしたいと考える人でなければ、本当の意味で幸せにはなれないと考えています。「幸せは人との関係の中で訪れるもの」、本校の生徒たちには、そういう思考ができるようになって欲しいと思っています。

緑のネットワーク

教育内容で特徴的なものとしては、「環境教育」です。

取り組みの第一弾として「ビオトープ」を作りました。校庭の一角の小さなゾーンに、武蔵野の失われた自然を再現したものです。失われた自然を再現する為には、相当の情熱と知識が必要です。しかし、情熱と知識があれば自然は回復するのだ、ということを教えたいと思って、活動を続けております。

第二弾には「屋上緑化」を手がけました。岡山大学の先生が研究しているものを利用させていただいたのですが、わずかな水と土と最適化された肥料で、トマトやゴーヤーなどが育つのです。壁面緑化だけでなく、食物を作る発想のヒントを与え、食料不足のトピックも伝えたいと考えています。

第三弾は「獨協の森」です。植えているのは落葉広葉樹です。落葉広葉樹は相当に頑強で根を深く下ろします。そのためか、三陸では東日本大震災の津波にも耐えた植林帯があったそうです。鎮守の杜に生い茂る落葉広葉樹は大火の延焼を防ぐといいます。このように防災に役立つ樹木を、まずは体育館の周りを囲うように植林しています。

こうした獨協の環境教育活動は、生徒内で「緑のネットワーク委員会」を募り、運営をしています。

ビオトープに生息するヘイケボタル

“誰かの為”を考えるきっかけづくり

それから、本校では「学力形成」「自己創出」「進路研究」を念頭に、進路指導を実践しています。

「学力形成」においては、3ブロック制を採用していますが、最近では二学年ずつというブロック分けも弾力的に捉えています。むしろ、中学を終え高校になったと意識させる必要性を見直し、その区切りを明確にしています。

「自己創出」の貴重な機会である『研究論文』も、その区切りのひとつです。中2でテーマを考え、中3の1年をかけて研究します。1年間で培った知識を筋道立てて発表することで、論理的思考力の養成につながっていきます。

「進路研究」では、高1時に全員参加で職場体験をさせています。本校の周辺地域、卒業生、保護者のネットワークに協力をしていただき、病院やホテル、空港、出版社など20～30の職場から選択して1日職業体験をするものです。これは、以前にフォーシーズンズホテル椿山荘東京でさせてもらったベッドメイク実習をきっかけに始めたものですが、体験した生徒の大半に「これほど細かいところまで気を遣うのか」という気づきがありました。子どもにとってサービスは受けるもので、施すものではなかった。その視点を変えることでサービスのシビアさを知る。そんな経験をできるだけさせ、「自分の為でなく、他人の為になるにはどうしたらいいのか」と考えるきっかけになればと思っています。

獨協中学校
OBリポート

夢に向かって一歩一歩進み続ける

～コツコツやることの大切さを得た6年間～

木村 康太郎さん　京都大学　農学部　1回生

親の友人で獨協生だった人から「生徒も先生も人柄が良い学校があるよ」と紹介されたのが、獨協中学校を知ったきっかけです。その後、説明会に行った際、その評判通りだと思ったので、受験しました。

獨協で一番熱中したことと言えば、卓球です。最初は軽い気持ちで入部したんですが、いざ入部するとのめり込んで、6年間ずっと卓球に打ち込んでいました。今でも京大の体育会で卓球を続けています。

勉強については、中3から学内で「数学勉強会」という、自由参加の勉強会に参加していました。参考書の難しい問題をピックアップする予習中心の勉強で、当初はどうしようもないくらい解けませんでした。それでも続けて参加し、高2の頃、ある程度パターンがつかめてきたのか「できる！」と感じ始めて、問題を解くのが楽しくなって来たんです。僕は心配性で、例えば、夏休みの宿題でも毎日ちょっとずつこなしていないと、追われているという気持ちに苛まれてしまいます。こうした性格が幸いして、コツコツやっていたら高校でようやく芽が出たんだと思います。

現在は京大農学部の一回生です。志望は初めから京大で、他大学も受けたものの、「京大一本」でひたすら入試に向かって進みました。落ちたら浪人も覚悟していました。

高2の頃は理学部志望だったんですけど、高3の夏に農学部のことを聞き、面白そうに思えて志望変更しました。学科としては遺伝子組替で新しい作物をつくる研究をする「食品生物科学」に興味を惹かれたのですが、今は資源生物の生産性や品質を研究する「資源生物科学科」で勉強しています。

研究職に就きたいという夢が昔からありました。“研究者のイメージ”に惹かれて、研究者になりたかったんです。イメージは自分にとって、とても大事なもので、そのイメージを実現するために、何事もコツコツ積み上げていくんです。主観ですが、「京大＝研究者」というイメージがあって、それで僕には「京都大学」という選択肢しかなかったんです。

担任であり、進路相談などでお世話になった長谷先生(右)の話に照れる木村さん(左)

「獨協で良かった！」と思えることは、学校生活を通じて勉強する癖がついたことです。小学校の頃は嫌々やっていたせいで、あまり勉強してませんでしたが、中学生になって、日常的に勉強をする習慣がつきました。おかげで高校時代は、食事と睡眠以外ずっと勉強したり、無茶なスパートに頼ったりするようなことはなく、中学時代に身につけたペースを維持し、部活ありきの学校生活のまま、受験に成功することができました。

僕は褒められて伸びるタイプなので、ノートチェックを受けたり、自分から相談に行った際、先生から褒められたり励まされたことが原動力になって、そういう習慣がついたんです。おかげで、自分の抱く研究者のイメージに向かって、コツコツ積み上げていくことができるようになったんじゃないかと、そんな風に思っています。

獨協中学校の魅力

研究論文

中2でテーマを見つけ、中3の一年をかけて研究する「研究論文」。自分の関心事を論理的にまとめていき、完成後は一人ずつクラスで概要の発表会を行います。

研究論文をまとめた冊子

国際教育

希望者対象の「イエローストーン」での実習では、化石が多く出る場所で、発掘の実習を行います。珍しいものや新種のものを生徒が発見し、その標本がそのまま博物館行きになることもあるそうです。

イエローストーン実習

自己管理ツールの獨協手帳

獨協手帳

「獨協手帳」は勉強スケジュールや宿題などを書き、先生への提出もします。自己管理はもちろん、手帳へのメモが習慣づけられ、将来に役立つようにと考え取り組んでいます。

獨協Webで発信される環境教育

環境教育

生徒と先生が一体となって取り組む「環境教育」。

中心となるのは「緑のネットワーク委員会」で、ビオトープの管理や屋上緑化とともに、研究・栽培データを元に学会発表を行ったりもします。

SCHOOL DATA　〒112-0014 東京都文京区関口3-8-1　東京メトロ有楽町線「護国寺駅」徒歩約8分　TEL.03-3943-3651

Close up!!

クローズアップ!!

東海大学付属相模高等学校中等部

TOKAI UNIVERSITY SAGAMI Junior High School

神奈川県　相模原市　共学校

生徒の個性や能力を伸ばし夢の実現を全力でサポート

東海大学付属相模高等学校中等部は、夢を持ち、夢に向かって努力する生徒を育てています。文理融合教育により、大学で深く学ぶための基礎学力を養い、中・高・大の10年一貫教育で人生の基盤となる力を培います。

SCHOOL DATA

所在地
神奈川県相模原市南区相南３-33-１

アクセス
小田急線「小田急相模原駅」徒歩８分

生徒数
男子315名、女子186名

TEL
042-742-1251

URL
http://www.sagami.tokai.ed.jp/

大金《おおがね》 眞人《まさと》　校長先生

【Q】御校の「建学の精神」についてお話しください。

【大金先生】 東海大学の学園を創立された松前重義先生は、最初に「望星学塾」を開設しました。ここに学園の原点があります。松前先生は「望星学塾」に次の４つの言葉を掲げられました。

若き日に汝の思想を培え
若き日に汝の体軀《たいく》を養え
若き日に汝の智能を磨け
若き日に汝の希望を星につなげ

この言葉は、現在も付属の幼稚園から大学院まで学園全体の精神として受け継がれ、この精神に基づき発達段階に応じた指導を行っています。

思想・体軀・智能をただ鍛えるだけではなく、希望を星につなげる、つまり夢を見させ、夢の実現に向かって努力させるというところが本学園の特徴です。その教育を学園全体で行うのが東海大の一貫教育です。

【Q】生徒に夢を見させるためにどのようなことをされていますか。

【大金先生】 代表的なものは、「学園オリンピック」です。全国にある東海大付属の高校14校、中等部６校が集まって部門ごとにその能力を競いあい伸ばすもので、国語や数学、英語、知的財産、芸術などの８部門とスポーツ大会が行われます。部門ごとの予選を突破した生徒は、東海大の教授から専門的な指導を受ける夏季セミナーに参加することができます。優秀な成績を残した生徒には優秀賞・奨励賞などが授けられ、東海大への特別推薦の道も開かれます。「学園オリンピック」を行うことによって普段の授業では分からない生徒の個性や特技を見つけ、さらに伸ばしていくことができます。それが大学に進学する際の学部・学科選択へとつながっていくのです。自分の好きなこと、得意なことを見つけるのは、あくまで本人ですが、見つける手助けをして、学園全体で一人ひとりの能力を伸ばしてあげるのが本学園の教育です。

【Q】御校を志望する生徒・保護者のみなさんにメッセージをお願いします。

【大金先生】 夢を持って、その夢に向かって努力できる生徒さんにきていただきたいです。学園オリンピックもそうですが、本校では学園をあげて生徒を育てています。中等部から学園の精神を身につけて、高校・大学に進んだ際には、そのなかでリーダーとして活躍してほしいと思います。本校に入学すると18学部77学科専攻・課程を有する東海大が待っています。ぜひ本校で自分の夢を見出し、夢の実現へと向かってください。我々は全力でサポートします。

付属校の強みを活かし 学びへの意欲を高める

受験にとらわれない 10年一貫教育の魅力

東海大学付属相模高等学校中等部（以下、東海大相模）の歴史は、1980年（昭和55年）に開校された東海大学付属相模中学校に始まり、2008年（平成20年）に現在の校名となりました。

東海大相模では、学習・行事・部活動の3つをバランスよく行う文武両道教育が実現されています。中・高・大という10年間の一貫教育により、受験にとらわれることなく伸びのびとした学校生活を送ることができます。付属の相模高等学校へはほぼ全員が、そして東海大へは8割以上の生徒が進学します。

中等部のクラス編成は1クラス約40名の4クラス、高等学校では中入生と高入生が1年次から一緒のクラスで学び、1学年12～14クラスです。文系・理系という枠にとらわれない文理融合教育が行われています。

授業は週5日制ですが、月1回の土曜日授業も実施され、十分な授業時数の確保と進路に見合った学習指導の徹底が図られています。また、大学との連携を意識した2学期制がとられ、学習内容の多様化が実現されています。

学園の大きな特徴は、真の一貫教育を実践していることです。大学での体験授業や大学教授による模擬授業など、中大連携教育が積極的に行われ、学園オリンピックでも大学教授の専門的な指導を受けられる機会が設けられています。

生徒を伸ばす プログラムの数々

東海大相模では、数学と英語で少人数授業を取り入れるなど、きめ細かい指導を行うとともに、様々な魅力あるプログラムを用意しています。

理数教育では東海大の教授が特別講座を実施する相模サイエンスプログラム（SSP）の開講や年1回の理数科体験授業が実施されています。理数科体験授業では、「世の中を確率で見る」「暗号の仕組みの解説と暗号解読体験」など、大

中大連携

大学教授による体験授業や学部体験など、生徒の興味関心を高めるプログラムが多く用意されています。中学から大学の学びに触れることができるのは一貫校ならではの魅力です。

海洋学部体験（調査船　望聖丸船内にて）

理数科体験教室（情報通信学部）

理数科体験教室（理学部化学科）

受験にとらわれず 伸びのびと過ごす

学校生活

仲間との絆が深まり一生の思い出となる多彩な行事。全国レベルで活躍する高校の先輩を目指してがんばる部活動。基礎学力をきちんと身につけながら行事や部活動に思い切り打ち込める環境が整えられています。

体育祭

文化祭

スキー教室

合唱コンクール

山中湖英語研修

ハワイ研修

家庭科・国語科コラボレーション授業

テニス部

剣道部

学での専門的な学びに触れることができ、理工系分野への興味や関心を高めることにつながっています。

英語教育にも力を入れていますが、グローバル化社会に対応するためには、英語力だけでなくコミュニケーション能力の向上が必要だと考え、まずは日本語で自分のこと、自分の気持ちをきちんと話せるように訓練しています。そして、英語の授業では、ディベートやプレゼンテーションを行いながら、コミュニケーション能力の向上を目指しています。さらに、ネイティブスピーカーの講師と普段から交流することで、実際に英語を使う場面でも物怖じしない姿勢を培うことができています。ネイティブスピーカーの講師と共にいろいろな体験活動をする山中湖英語研修（全学年希望者参加）や現地の文化を体験的に学べる3年次のハワイ研修も用意されています。

また教科の枠を超えた教育も行われ、昨年度は家庭科と国語で食育をテーマに教科間のコラボレーションが図られました。まず家庭科で栄養バランスの取れたレシピを考え、国語の時間にプレゼンテーションを行い、各クラスの優勝者を決めます。そのレシピを校内の食堂で実際につくってもらい、全員で試食をしました。東海大相模ではこのように実際に体験するということも大切にしています。

キャリア教育では、中等部1年次に、東海大の三保《みほ》研修館（静岡）に宿泊し、大学建学の地や海洋科学博物館などを見学する錬成旅行が行われています。この錬成旅行により、生徒はより東海大相模生らしく成長していくのです。2年次には、東海大付属の幼稚園で保育実習が行われます。園児たちと触れあうことで、思いやりの心や責任感が育まれます。そして3年次には、3日間の職場体験が用意され、希望進路や適性、職業について事前学習を行ったうえで、教室では学べない貴重な体験をします。

高校へ進むと、よりキャリア教育に力が入れられ、大学進学前に大学の教授と連絡を取りあいながら、小論、レポート指導など大学での学習の準備をしっかりとします。こうしたサポート体制もあり、付属生は大学でも中心となって活躍しているのです。

このように多種多様なプログラムをとおして高校・大学で深く学ぶための基礎学力をしっかりと養いながら、豊かな感性や情操を身につけていきます。中学生は中学生らしく、伸びのびと部活や学習に打ち込める環境を整え、生徒の夢の実現を全力でサポートする東海大学付属相模高等学校中等部です。

キャリア教育

保育実習や職場体験は、思いやりの心や責任感を育てます。教室ではできない貴重な経験が生徒の精神的な成長につながっています。

生徒の成長を促す貴重な経験

職場体験

保育実習

入試情報

2015年度（平成27年度）入試要項（予定）

	A試験	B試験	C試験
募集人数	110名	30名	20名
試験日	2月1日	2月3日	2月4日
合格発表	2月2日	2月3日	2月5日

試験科目と配点

国語・算数（各100点満点）、社会・理科（各50点満点）

大金校長先生からのアドバイス

「例年2月1日と4日に入学試験を行ってきましたが、来年度（2015年度）の入試から、2月3日にも試験を実施します。3日は教科の組みあわせを受験者が選ぶ200点満点の試験です。国語・算数、算数・理科・社会など、自分が得意な科目を組みあわせて受験することができるので、ぜひ挑戦してください」

埼玉県立伊奈学園中学校

一人ひとりの個性や才能を伸ばす特色あるシステムが魅力の伊奈学園

普通科ながら、「学系」と呼ばれる特殊なシステムを持つ伊奈学園総合高等学校。この高校を母体に生まれた伊奈学園中学校は、幅広く確かな学力を身につけ、生涯にわたり自ら学び続ける人間を育成します。

埼玉県内初の併設型中高一貫校

2003年（平成15年）に埼玉県内初の併設型公立中高一貫校として開校した埼玉県立伊奈学園中学校（以下、伊奈学園）。設置母体は埼玉県立伊奈学園総合高等学校です。高等学校は1984年（昭和59年）に創立され、現在は在籍生徒数が2400人にものぼる超大規模校です。普通科ですが総合選択制をとっており、7つの学系（人文・理数・語学・スポーツ科学・芸術・生活科学・情報経営）に分かれて学びます。高校へは、中学校から約80名の生徒が一般的な普通科にあたる人文系と理数系に進学します。内進生は高入生とは3年間別クラスです。高校の総合選択制では、大幅な選択科目を導入しています。

伊奈学園の校訓は「自彊創生《じきょうそうせい》」です。これは、高校の校訓を継承したものです。意味は、「自ら努め励み、自らをも新しく創り生み出すこと」です。

「分かりやすく言うと、努力を積み重ねることで個性を開花させ、新しい自分を育てるという意味になります。そうして、高い志を持ち、将来社会の様々な分野でリーダーとなる生徒を育てていきたいと思います。6年後の大学進学を到達点とするのではなく通過点と考え、社会に出てからの自分の理想の姿を思い描き、常に将来を見据えて努力をしようと生徒たちには伝えています」（髙橋校長先生）

髙橋《たかはし》 和治《かずはる》 校長先生

「高い志を持ち、将来社会の様々な分野でリーダーとなる生徒を育てていきたいと思います」

「ハウス」で生まれるアットホームな雰囲気

伊奈学園では、生徒の生活の場が6つの「ハウス」に分かれて構成されています。ハウスは、建物自体が独立し、生徒はいずれかのハウスに所属します。同様に、先生方も教科・専門の区別なくいずれかのハウスに所属します。中学生は6つのハウスのひとつである第1ハウスで生活し、高校生は第2～第6ハウスで、内進生は高校段階で第2ハウスに入ります。ハウスはそれぞれ1～3年生の各学年4クラスずつ、計12クラスで構成されます。また、学園祭、体育祭、修学旅行などの行事や生徒会活動なども、全てハウスが基本単位で行われます。6つのハウスは、それぞれが「小さな学校」であり、毎日の「生活の場」としての親しみやすいアットホームな雰囲気が

School Information

埼玉県立伊奈学園中学校

所在地：埼玉県北足立郡伊奈町学園4-1-1
アクセス：埼玉新都市交通ニューシャトル「羽貫駅」徒歩10分、JR高崎線「上尾駅」・JR宇都宮線「蓮田駅」バス
生徒数：男子88名、女子151名
ＴＥＬ：048-729-2882
ＨＰ：http://www.inagakuen.spec.ed.jp/

生み出されています。

問題解決能力を育む独自の教育課程

一般の中学校の授業は週29時間標準で行われていますが、伊奈学園では2時間多い31時間で実施されています。増加分の2時間は、1年生は英語1時間と数学1時間、2年生は数学2時間、3年生は学校独自の選択科目の2時間にあてられています。

英語の授業では、全ての学年で1クラスをふたつに分けた少人数指導を取り入れているほか、週1時間はコンピューター教室で授業を行っています。また、週1時間はALTと日本人教師とのチームティーチングを実施し、「聞くこと」「話すこと」を重視した授業を展開しています。

数学では、1・3年生は2クラス3展開の習熟度別授業を、2年生は1クラスをふたつに分けた少人数指導を実施しています。高校でも、必修教科の数学では2クラス3展開をそのまま継承しています。さらに、中高一貫校のメリットを活かし、数学では中3の2学期から高校の内容を先取りして学習しています。

3年生で行われる選択科目は、「表現」「国際」「科学」の3種類があり、このなかからひとつを選択して学習します。

これらは、ふたつの教科を融合させた授業です。「表現」は、国語と英語の融合科目です。例えば、英語の文章をただ和訳するのではなく、日本語で訳した際の文章表現をよりよいものにしていく練習などを実施しています。「国際」は社会と英語の融合科目です。日本の文化を英語で伝えていくことや、海外で起こっている政治・経済の動きを英語で学びます。「科学」は、理科と数学の融合科目です。理科で行った実験について、数学の知識を使って分析を行い結果を出したり、科学技術振興機構のサイエンス・パートナーシップ・プロジェクト（SPP）の助成を受け、JAXAなどの外部機関と連携して高度な内容を学びます。

「表現」「国際」「科学」のいずれも、関係する教科の教員によるチームティーチングが展開されています。これらの授業では、ひとつの教科で扱うことができないような題材で、幅広い知識を身につけることができるのです。

授業以外での学習の取り組みでは、朝の10分間を利用して、読書とスキルアップタイム（計算・漢字・英単語）を実施し、基礎基本の定着をはかっています。また、1学期の成績状況によって、指名制で「夏季補習」が実施されています。加えて、3年生を対象に、8月の後半から2月まで高校進学へ向けた「サタデーセミナー」があります。数学と英語が必修で、国語・社会・理科のなかから1教科選び、土曜日に3時間行います。

体験学習も重視されています。

1年生は入学直後に2泊3日の日程で長野県に行き、体験合宿を行います。1年生ではこのほかに社会体験チャレンジとして、飲食店、美容院、保育所、消防署などで職業体験を行います。

2年生では、夏休みに農家に泊めてもらいながら、農業体験や自然体験を積む取り組みが始まりました。農と食について考え、環境を守ることの大切さを深く認識す

百人一首大会

JAXAはやぶさ開発者講演

ることができます。

3年生では、修学旅行で広島と京都へ行きます。平和と日本の伝統及び文化を学習することを主たる目的としています。

努力する姿勢を身につけ 6年間かけて伸ばす

最後に、作文試験についてと、どのような生徒さんに来てほしいかをお聞きしました。

「作文は学力試験ではないので、ただ数字で計れる知識をみるわけではありません。これまでに習得してきたものをいかに組み合わせて解答につなげるか、それを自分なりに表現することができるか総合力をみています。

本校へは、自分で何かをがんばってみようという意欲があり、これからの伸びしろを感じさせ、困難なことにぶつかってもそれに臆することなく、常に前向きに考えられるみなさんに来ていただきたいです。伊奈学園の特徴は自ら進んで学ぶ生徒をきっちり支えるシステムにあります。本校でがんばることによってどんどん成長していってほしいと願っています」（髙橋校長先生）

国際交流（オーストラリア）

ミニコンサート

Check!

入試情報

2015年度（平成27年度入学生募集）

募集区分

一般枠

募集定員

男女計80名

入学願書受付

12月25日（木）・26日（金）

検査実施日

第一次選考（作文）　1月11日（日）
第二次選考（面接）　1月24日（土）

検査内容

調査書、作文（Ⅰ・Ⅱ）、面接

作文の傾向

作文は２種類ありますが、他都県での適性検査に全て記述式で答えるものと理解していいでしょう。作文Ⅰは国語と社会の力を試すもので、資料の読み取りや歴史的事実の理解も確認しています。作文Ⅱは算数と理科の力をみる問題が柱となり、課題を発見し解決する力もみています。表現力、文章力が問われる出題です。

全員集合

部活に注目!

心身両面を鍛えられる少林寺拳法。再来年で創設50周年を迎える城北中学校・高等学校の少林寺拳法部では、先輩が後輩をしっかり指導してくれます。部員は中高合わせて約60人。大きな声で気合いを入れて練習する姿は迫力があります。

城北《じょうほく》中学校・高等学校

少林寺拳法部

中学3年生　伊藤《いとう》 宏倫《ひろみち》さん
中学3年生　廣島《ひろしま》 遼明《はるあき》さん

礼儀を重んじ、技を磨く 心身の成長が自信になる

――少林寺拳法部の活動日と活動内容を教えてください。

廣島さん 「中1と中2は水曜・金曜・土曜の週3日で、中3になると、高校生の練習に参加するようになるので、火曜~土曜の週5日です。時間は約2時間、場所は教室や廊下を使っています。高校生の先輩が練習メニューを考えて指導してくれます」

伊藤さん 「練習内容はストレッチ、技の練習、腹筋や腕立てなどの筋トレです。

夏には中高合同で合宿に行きます。OBの先輩方、城北の少林寺拳法部を創設した先輩も毎年参加してくださいます。合宿の練習はいつも以上にハードですが、最終日には打ち

▲左から廣島さん、伊藤さん

▼合宿での集合写真

城北中学校・高等学校

所在地：東京都板橋区東新町2-28-1
アクセス：東武東上線「上板橋駅」徒歩10分、地下鉄有楽町線・副都心線「小竹向原駅」徒歩20分
電　話：03-3956-3157
U R L：http://www.johoku.ac.jp/

合宿

▲OBの先輩も参加する合宿。ミットを使った練習も行います。

練習風景

◀先輩の指導を受けながら、初心者で入部した部員もどんどん技を覚えます。

▲2人で行う「組演武」の練習風景。

▲少林寺拳法の挨拶の基本である合掌礼です。部屋に入る時や先輩に指導をしてもらった時など、必ず合掌礼をします。

Shorinji Kempo club

上げもするので、部の親睦が深まります」

――少林寺拳法について教えてください。

廣島さん「少林寺拳法は、1947年（昭和22年）、宗道臣が創始した日本の武道で、自分の身を守る護身術です。練習の前には必ず坐禅を組み、精神を集中させる『鎮魂行《ちんこんぎょう》』を行っています。身体と精神の両方を鍛えるのが少林寺拳法です。大会では勝ち負けを決める試合形式はとっておらず、二人一組で『演武』を行い、その完成度によって順位を決めます」

――どのような大会がありますか。

伊藤さん「中学生は板橋区の区大会に参加します。部員全員が出場できるので、それを目標にがんばっています。高校生の先輩方は毎年全国大会に出場しています。今年は少林寺拳法が正式種目となったインターハイに出場しました。来年は高校生になるので、さらに気を引き締めて練習しなければいけないと感じています」

――部の雰囲気はどうですか。

廣島さん「明るく楽しく活動しています。挨拶や返事をきちんとする、というような礼儀を重んじる伝統があります。

　先輩に教えてもらうので、先輩のすごさを感じられて、絆も自然と生まれています。同学年の部員とは練習を一緒にがんばっている連帯感があり、仲もいいです」

――少林寺拳法部の魅力を教えてください。

伊藤さん「体力や筋力が身につくのはもちろん、練習は気合いを入れるために大きな声を出しながら行うので、ストレス発散にもなります。そして、普段の生活で少し壁にぶつかっても、部の練習を乗り越えているのだから、きっと何事も乗り越えられると前向きに考えることができています。部活動を続けていることが自分への自信につながっています」

――来年入学してくる後輩にメッセージをお願いします。

廣島さん「少林寺拳法は好きになれば必ず上達していきます。運動が苦手でも大丈夫です。また、年上の先輩とは礼儀を持って接しなければならないなど、社会に出て役に立つことも学べる部活動です」

文化祭

▼文化祭で披露された中１・中２による団体演武。日頃の練習の成果が発揮され、来場者にも好評でした。

▲中3は4グループに分かれて寸劇を行いました。自分たちで脚本を考え、衣装やカツラをつけてユーモアを交えながら技の紹介をしました。

Go!Go! 志望校

第17回

多彩な企画で盛り上がる文化祭

渋谷教育学園幕張中学校・高等学校「槐祭」

途切れることなく来場者が入場門をくぐっていきます。

9月14日（日）に渋谷教育学園幕張中学校・高等学校（以下、渋幕）で、槐《えんじゅ》祭（文化祭）が行われました。記念すべき30回目となる今回のテーマは「二度と来ない青春を、今」です。

校内は、勧誘のために大声で呼びかけを行う在校生と、様々な企画を次から次へと楽しむ来場者であふれかえり、廊下を通るのもひと苦労するほどでした。今回はそんな活気あふれる槐祭の模様をリポートします。

100を超える企画の数々

中学棟・高校棟の各教室では、主に各クラスごとの企画が行われていました。各学年の特徴として、中1は展示、中2・中3は演劇、高校生は映像企画や娯楽企画が多く見られました。

日本が抱える問題についての展示。教室のあちこちで来場者に説明する生徒たちの熱心な姿が印象的でした。

まずは、日本が抱える社会問題について展示しているクラスを訪れました。ただ調べたことをまとめて展示するだけでなく「日本の問題点を来た人にも考えてもらおう」という目的のもと、各テーマについてまとめた模造紙の前で、来場者に向けて丁寧に説明していました。どんな問題を扱うかも生徒自身で考えたそうで、福島第一原発事故や、TPP、南海トラフ地震などが取りあげられていました。

そのほかのクラスでも、オリンピックに関する雑学や歴史をクイズ形式で学べるようにしたり、様々なトリックアートを模写しクイズも交えて展示するなど、訪れた人が何かを学んだり、考えたりできるような工夫がなされていました。

続いて訪れた体験型の企画では、小学生が楽しむ姿が目立ちました。紙風船投げや垂直跳びなどのスポーツテストを模したチャレンジで身体能力を測る企画や、空気砲の体験やホバークラフトの製作をとおして科学について学べる企画、屋外で開かれていた輪投げやもぐらたたきなどで遊べる縁日など、どこも楽しそうな声が響いていました。

中学生はこうしたクラス企画のほかに、奈良修学旅行の事前レポートや、鎌倉研修壁新聞など、授業の一貫として取り組んだものを「学年展示」として発表しています。

また、クラス、学年単位での企画のほかに、部活動や有志で取り組む企画もあります。

講堂や第1体育館では、時間ごと

トリックアートクイズの前には人だかりが。

クイズ形式の展示企画は答え合わせコーナーも設けられています。

快晴もあいまって、大盛況だった屋外での縁日。

垂直跳びに挑戦！

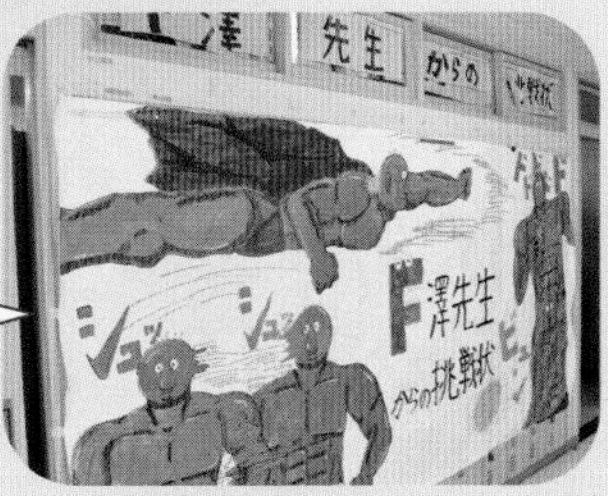

各クラスの外装を見ているだけでも楽しいです。

学年展示のコーナーには、渋幕の風景を描いたスケッチ、自我と向きあいながら描いた「自我像」などもありました。

に入れ替わりで、いくつもの部活動の演奏やパフォーマンスが行われていました。第1体育館での高校ドリルチーム部のパフォーマンスは、高1～高3の部員によるオープニングダンスから始まり、鮮やかなダンスが次々と披露されるにつれて、会場の一体感も高まっていきました。

書道部などの文化系の部活動は、文化祭のために仕上げた作品を展示していました。美術部のコーナーで受付をしていた生徒さんにお話を伺うと、「人によりますが、大体1カ月前くらいから文化祭で展示する作品に取りかかります。油絵、水彩、パステル、アクリルなど、何を描いてもいいので、みんな自由に描いています」と話してくれました。

そして、有志生徒による「校内ガイドツアー」では、案内役の生徒が校内を案内するとともに、在校生ならではの視点から渋幕の生活を紹介してくれます。例えば、廊下に置かれているピアノの前では、「校内にあるいくつかのピアノは、誰でも自由に弾くことができるので合唱コンクール前は争奪戦になります」という説明がなされていました。

満員時の入場規制で残念ながら観ることができなかった演劇など、今回紹介しきれなかった企画もたくさんあり、1日で全て回りきるのが困難なほど盛りだくさんな内容の槐祭。来年の開催も楽しみです。

School Data

渋谷教育学園幕張中学校・高等学校

所在地：千葉県千葉市美浜区若葉1-3
アクセス：JR京葉線「海浜幕張駅」徒歩10分、
京成線「京成幕張駅」徒歩14分、
JR総武線「幕張駅」徒歩16分
ＴＥＬ：043-271-1221
ＵＲＬ：http://www.shibumaku.jp/

ドリルチーム部のパフォーマンス。観客も手拍子で盛り上げます。

ガイドツアーでは、案内役の生徒の説明に、みなさん耳を傾けます。

来場者には3枚のシールが配られ、気に入った企画に投票することができます。より多くの票を獲得した企画が槐祭グランプリに輝きます。

講堂で行われた中高室内楽部のコンサート。「宇宙戦艦ヤマト」の主題歌を演奏中。

藤村女子進化宣言!!

～今後の教育改革を見据えた新コース制の導入～

中学に新コース制導入 1

藤村女子中学校では、今後予想される教育改革を見据え、またこれまで行ってきたさまざまな改革により、授業内容の充実や進学実績の向上といった一定の成果を上げることができたとして、平成27年度から中学に「特別選抜コース」と「特進コース」の2コース制を導入します。

「特別選抜コース」は、高等学校のカリキュラムを先取りし、東大をはじめとする難関国公立大学、早慶上理などの難関私立大学や海外大学をめざします。「特進コース」は、これまでの教育をベースとした基礎基本の学習を定着させながら、高等学校のカリキュラムを一部先取りします。さらに、高校では「S特コース」と「スポーツ科学特進コース」を新設し、これまでの「特進コース」「進学コース」「スポーツ科学コース」を合わせ、全5コース制とし、多様な進路希望を持つ生徒の声に答え、きめ細かな女子教育を行います。

また、藤村女子は「学習センター」が充実しており、常駐の専任教諭や東大生チューターなどが、放課後の補習や講習を行っています。この「学習センター」の学びは授業に直結しており、特に理解度の定着や難関大学の進学実績に効果が現れています。

新コース制の導入及び学習センターの更なる充実により、今後5年の短期計画として、国公立大学に10名、早慶上理・GMARCHに40名の合格目標を設定し、10年中期計画では、難関国立大学に30名、早慶上理・GMARCHに100名の合格を目標として、教員全員が一丸となって更なる学校改革を推進しています。

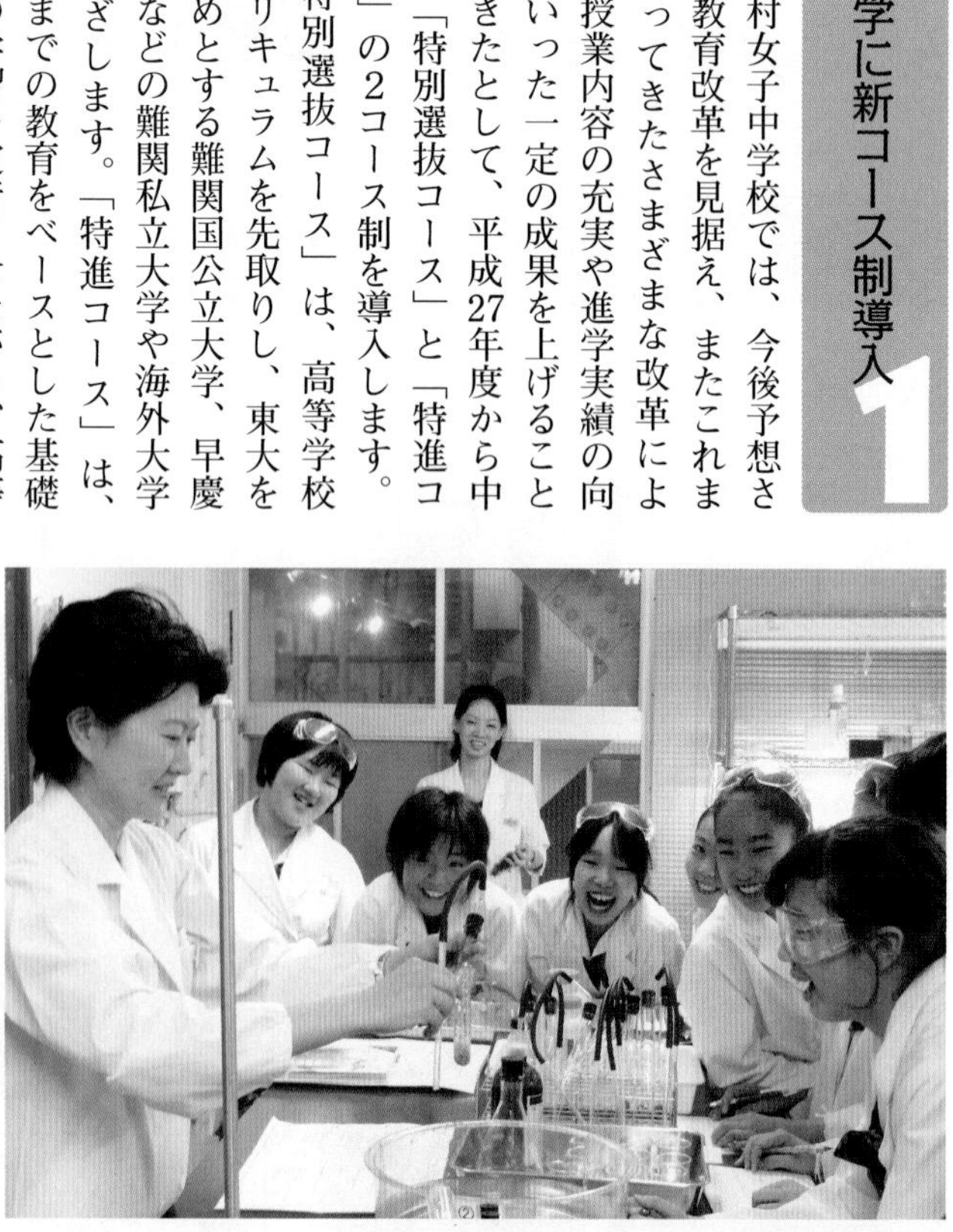

適性検査入試の概要 2

適性検査入試の導入から3年が経過し、カラー印刷による入試問題やユニークな複合問題などで注目を集めた藤村女子。都立中高一貫校との併願受験者などが年々増加傾向にあり、そのなかでも都立三鷹中等教育学校との併願者の増加が多いことから、適正検査の傾向も都立三鷹などを意識した内容となっています。

入試広報室長の廣瀬真奈美先生にお伺いしたところ、平成27年度入試では、次のような作問方針に基づいた出題を予定しているとのことです。

○ 適性検査Ⅰ（45分）

理科・社会・算数の複合問題です。身近にある社会や自然などの事象に関する会話文の内容を読んで、総合的に分析し、論理的に思考し、自分の言葉で表現する問題を考えています。また、会話文の内容をふまえて基本的な計算をし、解答を導き出す問題も予定しています。

○ 適性検査Ⅱ（45分）

国語分野の問題です。物語的文章や説明的文章を読み取り、登場人物や筆者の考えを指示された文字数でまとめる問題を考えています。また、本文の内容をふまえた上で、自らの体験談をその具体例を交えながら自分の考えとして書く問題なども予定しています。

このような問題を解くためには、単に知識を暗記するだけの勉強ではなく、日常の身近にあるさまざまな問題に興味を持ち、その問題に関する知識と情報の収集などを自ら積極的・能動的に行うことが必要です。

毎年11月に開催される「適性検査入試解説会」では、適性検査の勉強方法、過去問の解説や来年度入試の出題方針などの説明があり、多くの受験生が参加しています。

平成27年度　藤村女子中学校入試日程

■　2月1日～7日入試

	1日午前入試	2日午前入試	2日午後入試	3日入試	7日入試
募集人員	特別選抜・特進 計30名	特別選抜・特進 計20名	特別選抜・特進 計10名	特別選抜・特進 計5名	特別選抜・特進 計5名
試験日時	2月1日（日） 8:30～	2月2日（月） 8:30～	2月2日（月） 15:00～	2月3日（火） 8:30～	2月7日（土） 8:30～
試験内容	国語・算数の2科または国語・算数・理科・社会の4科				

■　適性検査入試・プレミアム入試

	適性検査入試	プレミアム入試
募集人員	特別選抜・特進コース　10名	特別選抜・特進コース　10名 ただし、1日午後以外は各募集人員に含む
試験日時	2月1日（日） 8:30～	2月1日（日）午前・午後 ／ 2月2日（月）午前・午後 2月3日（火）午前 ／ 2月7日（土）午前 ※　午前は8:30～　午後は15:00～
試験内容	適性Ⅰ・適性Ⅱ	国語・算数の2科 または 国語・算数・理科・社会の4科

人気のプレミアム入試 3

平成27年度入試は、「特別選抜コース」と「特進コース」のコース別募集を行いますが、そのいずれの入試においてもプレミアム入試（2月1日午後入試はプレミアム入試のみ実施）を選択することができます。また、適正検査入試においてもプレミアム制度（奨学金支給制度）があり、一定以上の入試得点率に応じて奨学金の支給を受けることができます。

プレミアムの内容は、プレミアムA（入学金・施設費・年間授業料相当の奨学金支給）、プレミアムB（年間授業料相当の奨学金支給）、プレミアムC（入学金相当の奨学金支給）、プレミアムD（10万円の奨学金支給）となっており、例年、合格をもらった後も、このプレミアムを勝ち取ろうと多くの受験生が、再度プレミアム入試に臨んでいるようです。

平成26年4月より、矢口秀樹先生が新校長として着任し、中学の新コース制導入、高校の新コースの設置、さらに中高の帰国生入試の実施と、グローバル化する社会に対応できる女性の育成を第一の目標として、更なる高みをめざして日々学校改革に取り組んでいます。

建学の精神である「知・徳・体」に基づく調和の取れた学習を基礎として、益々進化を遂げる藤村女子中学校。今後の取り組みが期待されています。

藤村女子中学校　School Data

所在地 東京都武蔵野市吉祥寺本町2-16-3
TEL 0422-22-1266
URL http://www.fujimura.ac.jp/
アクセス JR線・京王井の頭線・地下鉄東西線「吉祥寺」徒歩５分

学校説明会
11月1日（土）14:00～／12月6日（土）14:00～

予想問題解説会 ※要予約
11月16日（日）
・藤村予想問題解説会　8:30～10:30
・適性検査入試解説会　13:00～14:30

個別相談会 ※要予約
1月10日（土）　13:30～16:00

藤村女子中学校 HPのご案内

検索はこちらから

藤村女子　検索

平成26年9月、
生徒会のデザインと配色により、
ホームページを
リニューアルしました。
ぜひご覧下さい。

私学の図書館

ただいま
貸し出し中

みなさん、読書は好きですか？私学の図書館では毎号、有名私立・国立中学校の先生方から「小学生のみなさんに読んでほしい本」をご紹介いただいています。ぜひ一度、手にとって読んでみてください。

文京学院大学女子中学校

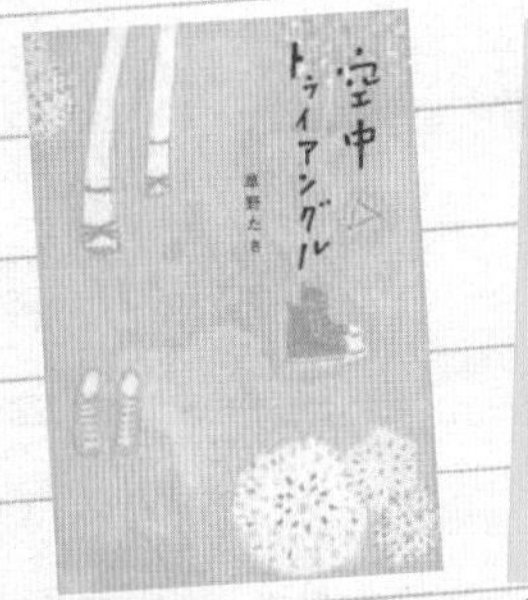

幼馴染の圭に６年ぶりに再会し、浮かれる律子を見て、つまらなさを感じてしまう琢己。楽しく過ごしていたあの頃は、実は３人それぞれが複雑な思いをしていました。一歩ずつ成長する３人の姿が、たのもしいけれど切なくもあり、10代の心に寄り添ってくれます。

（図書館司書　阿部 ひとみ さん）

「空中トライアングル」

著　者：草野たき
価　格：1,300 円＋税
発行元：講談社

律子が一つ年上の幼なじみで、誰もがうらやむ彼氏、琢己とつきあうようになってちょうど一年になる。そんなある日、琢己の口から、小学生の時に引っ越して行ってしまったもう一人の幼なじみ、圭が琢己と同じ高校に通っていることを知らされる。圭の彼女と一緒に皆で久しぶりに会おうという琢己の提案に素直に喜ぶ律子だったが…。

中学と高校、どちらも利用しますので、絵本～専門書まで、約44,000冊の幅広いレベルと幅広いジャンルを取り揃えています。洋書は、多読ルームと合わせて8,000冊！視聴覚ブースでは、話題の映画も見ることができますよ。蔵書検索は、自宅からも可能です。

城北埼玉中学校

「主人公はみんな！」それがこの小説です。

中学１年生２４名のクラスメイト、１人１人を主人公にしたストーリーが続いていきます。喜び・不安・ときめき・悩みなど主人公たちを取り巻く思いは、きっとみなさんにも共有できるものがあると思います。

（司書教諭　細谷 もと美 先生）

「クラスメイツ（前期・後期）」

著　者：森絵都
価　格：1,300 円＋税
発行元：偕成社

中学１年生24人のクラスメイトたち、その１人１人を主人公にした24のストーリーで思春期の１年間を描いた連作短編集。前期・後期の全２巻。
うれしい出会いや、ささいなきっかけの仲違い、初めての恋のときめきや、仲間はずれの不安、自意識過剰の恥ずかしさや、通じあった気持ちのあたたかさ。子どもじゃないけど大人でもない、そんな特別な時間の中にいる中学生たちの１年間。だれもが身にしみるリアルさを、シリアスなのに笑えて、コミカルなのにしみじみとしたユーモアでくるんだ作品集。

中・高共用の本校図書館は、昼休み・放課後ともなると「男だらけ」の憩いの場＆学習の場になります。生徒・教職員のリクエストを積極的に取り入れている蔵書は、年間1,200冊前後追加されます。文化祭で図書委員会が開催する古本市は毎回好評です。

暁星中学校

アンデルセン賞を受賞した上野菜穂子さんの描く緻密なファンタジー世界。主人公の少女エリンの成長が瑞々しく描かれています。エリンは、自分の生きる場所を求めて、「自分も含め、生き物は、なぜ、このように在るのかを知りたい」と語ります。いのちを丁寧に生きる姿に出会える本です。

（宗教科主任・図書館主任　松本 洋 さん）

「獣の奏者（1）闘蛇編」

著　者：上橋菜穂子
価　格：1,500 円＋税
発行元：講談社

上橋菜穂子の待望長編ファンタジー１闘蛇編。決して人に馴れず、また馴らしてもいけない生き物とともに生きる宿命の少女・エリン。憎悪と呪い、孤独と悲しみのなかでやさしく凛々しく生きる孤高の魂の物語。（1）闘蛇編より
〈全４巻〉

校舎1階にある図書館は、大きな窓から光が差し込む、中高生たちの憩いの場です。読書を通して、あたらしい世界に出会えるように、バランスの良い選書を目指し、集められた蔵書は約35,000冊、DVD鑑賞のスペースもあります。放課後には、熱心に勉強に取り組む生徒が大勢います。

桐蔭学園中学校

226種のイモムシを原寸大で楽しめる本。理科教員とのコラボで、現在、カイコを図書館で飼育していますが、図書館常連の、カイコを育てたことのある生徒は、図鑑で調べて生態を知ったとのこと。経験に知識をプラスしてくれる図鑑類をオススメしています！

（図書館司書　和田 淳子 さん）

「イモムシハンドブック」

著　者：安田守
価　格：1,400 円＋税
発行元：文一総合出版

庭や公園、道端、畑、公園などに見られるチョウ・ガ類の幼虫であるイモムシ226種がわかる！幼虫のアップをはじめ、卵、幼虫、蛹、成虫など1,000点を超える写真が充実。発生時期や分布、主な食草などもわかる。イモムシの横姿を並べた一覧表は検索に便利。

学園内に6つある図書館の、全ての蔵書（375,000冊）が利用できます。本館は中学生専用で、毎月300冊以上の新刊を受け入れ、年間約25,000冊の本を貸し出しています。国語・英語を中心に授業利用が多く、生徒の学校生活の一部になっています。

武蔵中学校

「「鳥取環境大学」の森の人間動物行動学」シリーズの著者による丸ごと１冊ヤギのエッセイ集。ヤギコ、シバコ、クルミ、ミルク、コハル、コユキ。愛情と学問的探求心に溢れた視点で描かれる個性豊かなヤギたちのほほえましい様子に癒されます。

（図書館司書　下松 良子 さん）

「なぜヤギは、車好きなのか？ 鳥取環境大学のヤギの動物行動学」

著　者：小林朋道
価　格：1,500 円＋税
発行元：朝日新聞出版刊

苦手なヘビを見えないように袋に入れて置いておくとヤギはどうする？鏡に映った自分に向かってヤギは角突きする？子供がいっせいに駆け寄ると、ヤギはどうなる？動物行動学教授兼ヤギ部顧問による、ヤギをめぐる面白エッセイ。

吹き抜けの高い天井を持つ開放的な館内には約80,000冊の蔵書。自然科学の専門書や芸術系の資料、作家の全集等が充実しているのが特徴の、生徒の学ぶ意欲に応える図書館です。

神奈川大学附属中学校

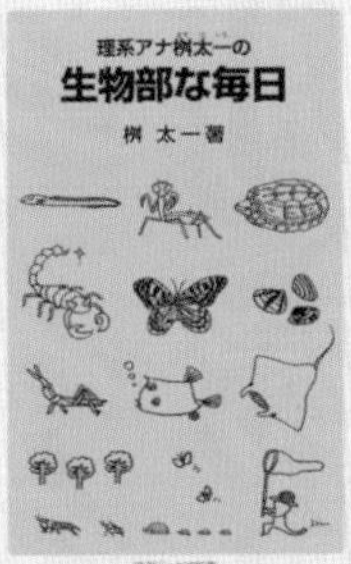

テレビ局でアナウンサーとして働いている著者が、虫好きな少年時代から、中高一貫校の「体育会系」生物部時代、そして東京大学農学部での調査・研究生活をつづった本です。文化祭での発表に向けて、めんどくさい調査とジオラマ制作に後輩たちを巻き込んでいくところが心に残ります。

（国語科　田中 敦 先生）

「生物部な毎日」

著　者：桝太一
価　格：840 円＋税
発行元：岩波書店

人気No.1アナ桝太一。そのまじめで誠実な人柄に隠された素顔は、無類の生物オタクだった！仲間たちとフィールドを飛び回ってチョウを追いかけた中高時代。潮にまみれ、船酔いに悩みながらアサリやアナゴと格闘した学生時代。生き物とともに遊び、学び、成長してきた理系アナが、その魅力を存分に語る「ムシ熱い」青春記。

蔵書は38,000冊であるが、100万冊蔵書の神奈川大学図書館も本校からオンライン利用ができる。窓からは緑が見え天井が高く開放感溢れる落ち着いたスペース。生徒会図書委員会の活動も活発で、選書ツアーに出かけ読書の普及に貢献している。

日本女子大学附属中学校

何のために勉強するのかわからない。毎日が何となく不安…そんな主人公が出会ったのは 10 通の手紙で人生を変える手助けをしている「手紙屋」という不思議な存在。「勉強という道具を使って、何をしたいのか？」この本を通して主人公と一緒に考えてみませんか。

（司書教諭　久保 文香 先生）

「手紙屋　蛍雪篇 私の受験勉強を変えた十通の手紙」

著　者：喜多川泰
価　格：1,500 円＋税
発行元：ディスカヴァー・トゥエンティワン

「何のために勉強するんだろう？」「何のために大学に行くんだろう？」だれでも一度はそんなふうに思ったことがあるのではないでしょうか？
この本の主人公「和花」は、部活と友だち付き合いに明け暮れる高校2年・・・

朝から下校時刻までいつでも利用でき、中に入ると約55,000冊の本と図書室の先生がお出迎え。図書委員会活動も盛んで、毎日の貸出のほか、春と秋の読書週間ではイベントも企画します。読書や勉強に加え、調べる課題や資料収集での利用も多い、活気ある図書室です。

三《み》田《た》国《こく》際《さい》学《がく》園《えん》

中学校
高等学校

MITA International School

今、熱い注目が集まっています

オープンスクール
学校説明会も大盛況

112年の伝統を持つ戸板中学校・戸板女子高等学校が、2015年度入試より共学化、そして「三田国際学園」へと校名を変更します。それだけにとどまらず、英語教育に代表されるいくつもの教育改革も断行し、今、大きく生まれ変わりつつあります。

創立から１１２年という長い歴史を持つ戸板中学校・戸板女子高等学校が、２０１５年（平成27年）4月、大きく生まれ変わります。

２０１３年度（平成25年度）からすでに教育カリキュラムの改革に取り組んでいる同校ですが、変化はそれだけにとどまりません。２０１５年度（平成27年度）から共学化し、校名を「三田国際学園中学校・高等学校」へと変更します。

「グローバル社会においてはすでに英語を話すのは当たり前で、外国人と日常的に接するのも当然になりつつあります。そうしたなかで、多様性を受け入れられる人間にならなければいけませんし、共通言語としての英語が扱える必要もあります。次の時代に活躍できる子どもたちにとって大切な教育は何かということを突き詰めていった結果が数々の教育改革です」と大橋清貫学園長は説明されました。

インターナショナルクラスを開設

「戸板の前身である三田高等女学院は東京都港区の三田にありました。その源流に立ち返って『三田』という名称を。そして、21世紀のグローバル社会で活躍できる子どもたちを育てるという想いから『国際』という名称をつけ、『三田国際学園』となりました。

この新しい校名は英語では"Mita International School"としました。２０１５年度より中学に『インターナショナルクラス』を開設します。日本の『一条校』での卒業資格を担保しながら、生徒にはインターナショナルスクールさながらの英語を浴びる環境を用意します」（大橋学園長）

共学化・校名変更後の初年度となる２０１５年度の中学募集では、１２０人を募集する予定で、１クラス

新しい三田国際学園の教育に多くの受験生が注目

30人程度の少人数制授業を展開していきます。「インターナショナルクラス」は英語を週10コマ学ぶ予定です。「本科クラス」の3クラスでさえ8コマと、三田国際学園の本気が伺えるカリキュラム変更と言えます。

　こうした英語教育についても大橋学園長は「来年入学予定のインターナショナルクラスの生徒たちにはイマージョン教育を段階的に行っていきます。初めからフルに実施することはできなくても、英語の授業はもちろん全て英語を使って行います。インターナショナルクラスでは副担任にネイティブスピーカーの教員を配置し、朝のHRやランチタイムなど、日常的に英語を使う環境を想定しています。

　そうすれば、個人差はあっても大体1年程度で生徒たちはブレイクスルーして、一気に英語を使えるようになるでしょう。そこからはほかの教科でもどんどん英語を使う割合を増やしていきます」と自信を持ってカリキュラム改革に取り組んでいることを説明されます。

　基礎基本の学びも充実しています。こうした内容とともに、知識として必要な単語などについては、「r－test」という繰り返し学習が毎朝行われます。「R」にはReturnとRepeat、Roots（根付く）の意味があり、このテストを朝の10分間で繰り返していくことで、必要不可欠な知識の定着も図ります。

　さらに海外大学への進学も視野に入れたキャリアプログラムがすでに進んでおり、「三田国際学園のインターナショナルクラスを卒業したら海外大学に進学できる、という方向をつくっていきたい」とも大橋学園長は話されます。

理科教育にも注力

　すでに高校でスーパーサイエンスコースを導入して理系教育に力を入れていますが、中学でもさらにサイエンスリテラシーの強化を重視して、高校からのスーパーサイエンスコースへとつながる生徒を育てていきます。それを支える教育環境・施設の充実にも余念がありません。

「大学の研究室レベルの理科室をつくろうということで、かなり高度な実験設備の導入を進めています。授業もラボでの実験を中心に最先端の情報にあたり、探究型の授業を実施しています。そうすると、生徒たちは自然と理科に興味を持ち、自分たちで興味を持ったことを研究し始めます。そして『ネイチャー』などの海外の文献にも目をとおそうとする子も出てくるでしょう。その結果、英語力の向上にもつながるわけです」（大橋学園長）

オープンスクールで初めて会った仲間とも意見交換で盛り上がる相互通行型授業を体験

多くの受験生、保護者が参加したオープンスクール・学校説明会

　6月から毎月行われている学校説明会は、どの回もホールが満員となる数多くの受験生・保護者が参加しており、関心の高さが伺えます。オープンスクールに参加した生徒は、相互通行型授業を体感したことで志望度が上がったとの声も聞かれました。それぞれのようすは学校HPから動画で見ることもできます。今後も学校説明会は予定されていますので、興味を持たれた方は足を運んでみることをおすすめします。

　共学化、校名変更だけではなく、この先の社会の変化も見据えた生徒育成に本気で取り組んでいる三田国際学園中学校・高等学校。今後の躍進が楽しみな学校のひとつです。

SCHOOL DATA

三田国際学園 中学校・高等学校

戸板中学校・戸板女子高等学校は2015年4月共学化、校名変更

Address　東京都世田谷区用賀2-16-1
TEL　03-3707-5676
Access　東急田園都市線「用賀駅」徒歩５分

学校説明会

要予約　11/29㈯、12/20㈯、1/17㈯ 10:00～11:30

学園祭

11/1㈯、11/2㈰ 10:00～15:00

2015年、郁文館中学校が大きく**進化**します。

進化 1 **入試制度の変更！**
「2科・4科入試」と「適性検査型入試」からの選択が可能となります。

進化 2 **GL《(グローバルリーダー)》特進クラスを新設！**
学びのスタイルにあわせて「特進クラス」「GL特進クラス」「一般クラス」の3つよりクラス選択ができるようになります。

学校説明会

予約はコチラ 郁文館夢学園 検索

- 11/8(土) 理事長説明会 & オープンキャンパス
- 11/22(土) 2科・4科入試説明会 適性検査型入試説明会
- 12/13(土) 理事長説明会 & 過去問解説授業
- 12/20(土) 2科・4科、適性検査型 入試問題傾向説明会

25歳 人生の主人公として輝いている人材を育てます。

学校法人 郁文館夢学園
〒113-0023 東京都文京区向丘 2-19-1
TEL 03-3828-2206(代表) www.ikubunkan.ed.jp

ココロとカラダの特集

身体の成長が著しい小学生。
心のなかも、さまざまに揺れながら伸びようとしています。
ついつい大人の目で見てしまいがちな
子どもたちのココロとカラダ。
ちょっと立ち止まってゆったり向かい合ってみませんか。

写真◉越間有紀子

シリーズ
子どもを伸ばす子育てのヒント 3

ありのままに子どもを見ることが大事

「隣の芝生は青い」というように
自分の子どもよりも他人の子どもの方がよく見えてしまうものです。
しかし、この自分の子どもを否定的に見てしまう傾向は、
子育てにとって決していいことではありません。
子どもの自信を失わせることにつながるからです。
あくまで自分の子どもに対する評価はありのまま、ニュートラルである方がいいのです。
そのためにはどうすればいいのか、臨床心理士の的場永紋さんに話してもらいました。

写真◉越間有紀子

的場永紋《まとば・えいもん》
臨床心理士。東京都スクールカウンセラー。草加市立病院小児科、越谷心理支援センターでも心理相談を行っている。

自分の子どもについて、正しく評価するというのは、なかなか難しいものです。他人の子どものことはよくわかるのに、自分の子どものことは、ありのままに見ることができずに、見誤るといったことが起きてしまいます。

それはなぜでしょうか。いま世の中は子育て・教育に関する情報があふれています。その情報の渦のなかで、親御さんたちは右往左往しがちです。「ほめる子育てが大事」と言われれば、ほめていなければダメだと思ってしまいます。様々な子育て情報の「○○したほうがいい」というアドバイスは「○○できていない親はダメだ」というメッセージとして受けとられてしまうのです。

「これを持っていないと大変ですよ」というように不安を喚起して物を売るという典型的な広告の手法がありますが、子育てについても同じように不安をあおるような論法で語られることが多いのではないでしょうか。

不安やプレッシャーで子どもに過剰に要求

例えば、「子育てを間違うと子どもは、いじめに走ったり、犯罪を犯す子になってしまう」というような具合です。ただでさえ、子育ては不安なものです。そこに、

親の不安が引き起こす負の連鎖

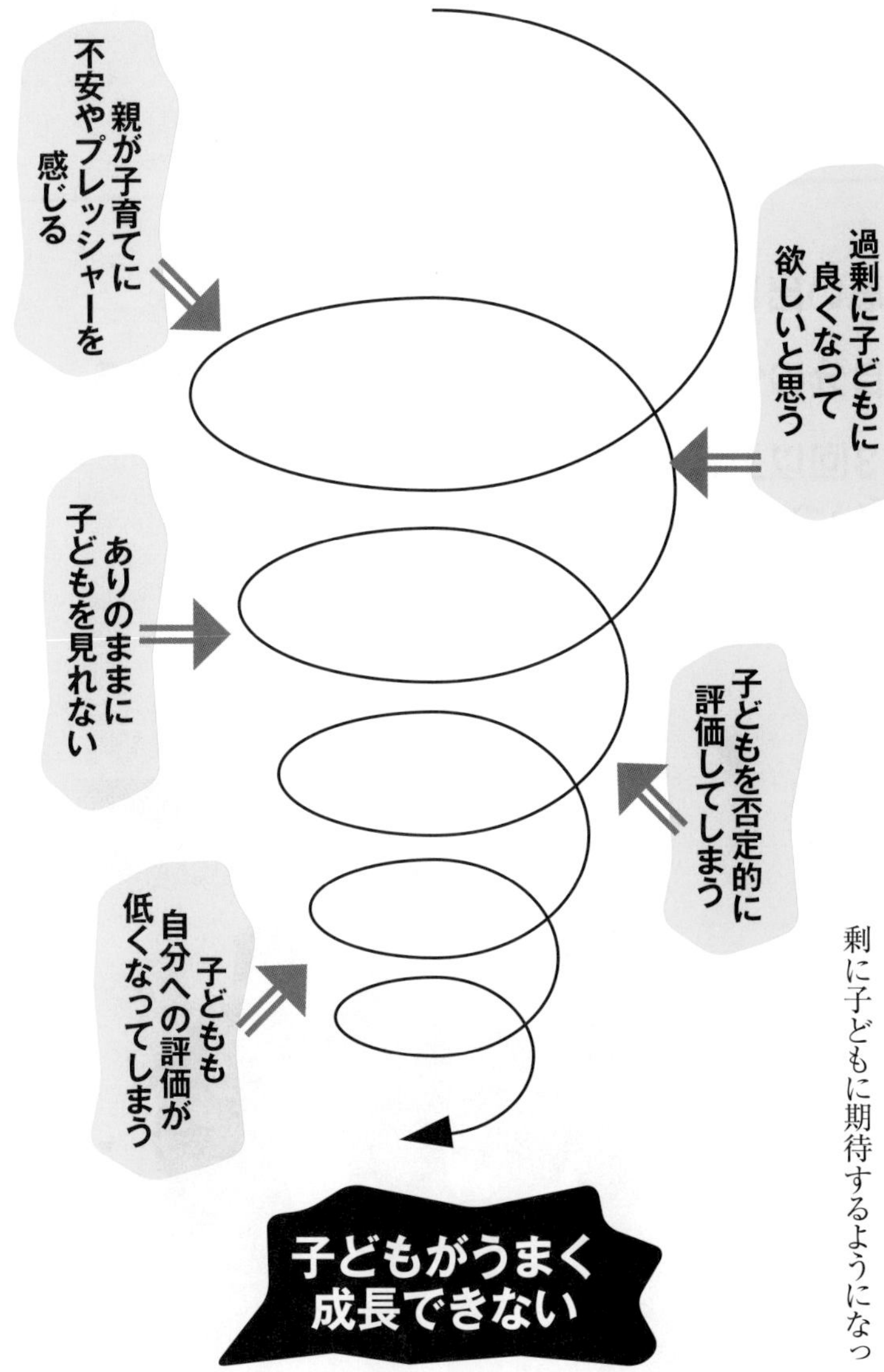
親が子育てに
不安やプレッシャーを
感じる
過剰に子どもに
良くなって
欲しいと思う
ありのままに
子どもを見れない
子どもを否定的に
評価してしまう
子どもも
自分への評価が
低くなってしまう
子どもがうまく
成長できない

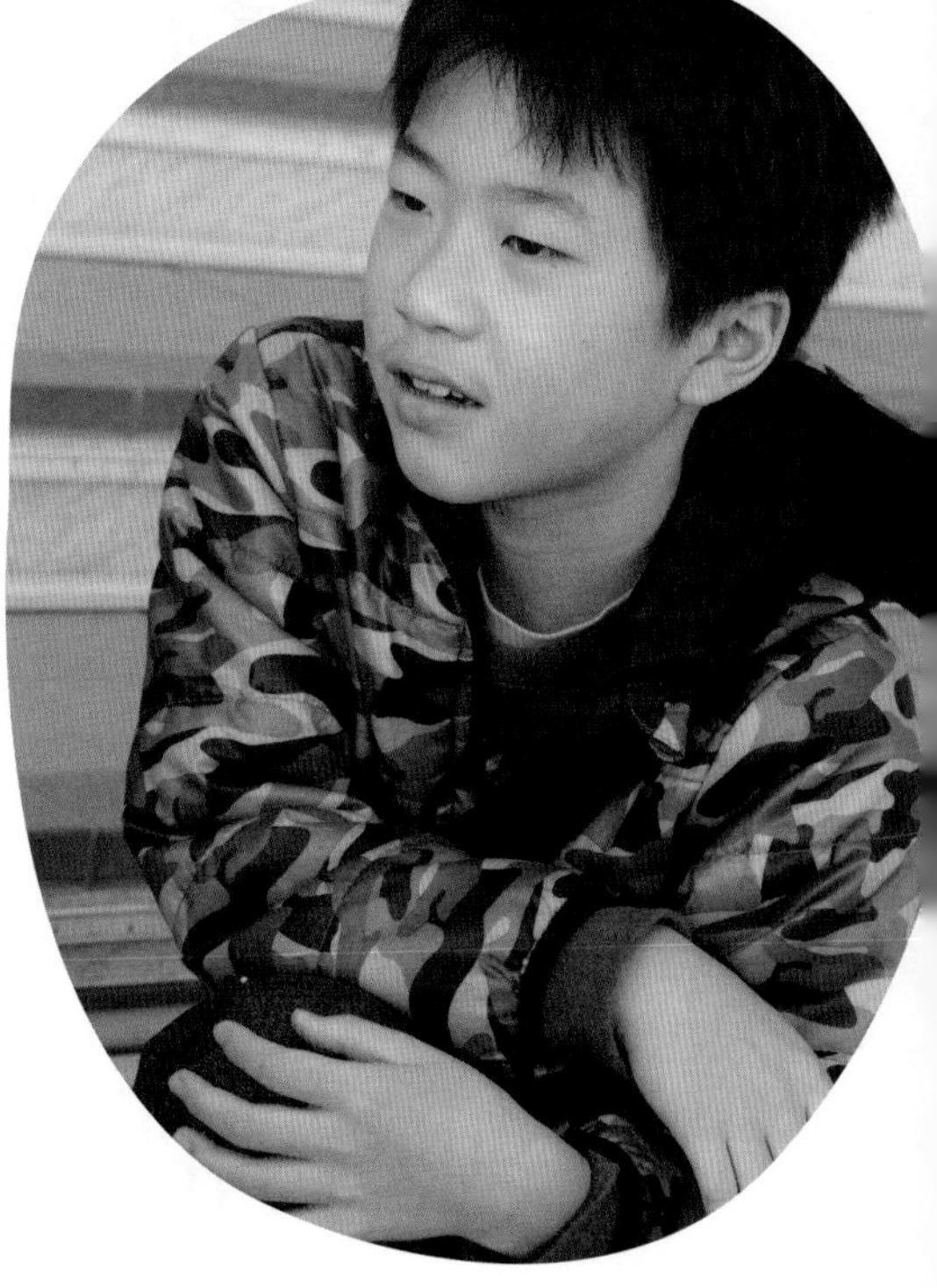

このような話をされれば、ますます親の不安は高まってしまいます。

さらに、家庭教育の重要性が強調され、親の責任を重視する傾向も見られます。

また、親としての評価が自分自身の評価や生きがいと一体になっている人も少なくありません。そういう人は、「子どものために良いことをする」というより、「親として評価されなければ」という気持ちが強まりがちです。

このように、様々に親の不安やプレッシャー高まってくると、過剰に子どもに期待するようになってしまいます。

そして、自分の子どもに対してよくなって欲しいという要求水準が過剰に高くなってしまうのです。

誰しも、自分の子どもはよくなって欲しいと思うでしょうが、不安やプレッシャーがベースにあると、それが過剰になってしまうのです。

過剰にそういう気持ちを持つと、目の前の子どもをありのままに見ることができなくなります。常に足りないものを感じたり、ダメな部分ばかりに目がいってしまい、否定的評価につながってしまうのです。

これは、子どもにとって決していいことではありません。親の抱く感情は、直接伝えなくても、子どもに伝わってしまいます。

親の否定的な見方で自己評価が低い子に

親が子どもに否定的な感情を持つと、子どもも自分は足りないのだと、自分自身を否定的に見て、自己への評価が低くなってしまいます。

子どもが成長していくためには、自分自身に対する肯定感が必要です。自己評価が低い子どもは自分を伸ばすのに苦労することになります。親が子どもを伸ばそうと思えば思うほど、子どもは自分を伸ばすことができないという矛盾した関係が生まれてしまいます。

学校のテストなどと違って、子育ての正解はひとつではないのです。唯一正しい方法というのはあるはずがありません。「こうしなければいけない」というような不安やプレッシャーを持つのではなく、自分の子どもに合った、より妥当な方法を見つけていくしかありません。そのためには、何より自分の子どもをありのままに見て、そのありのままの姿と向き合っていくことが大事です。

それでは、子どもをありのままに見るためには、具体的にはどういう方法があるのでしょうか。

それを考える前に、ものごとを判断、評価する仕組みについて目を向けてみましょう。

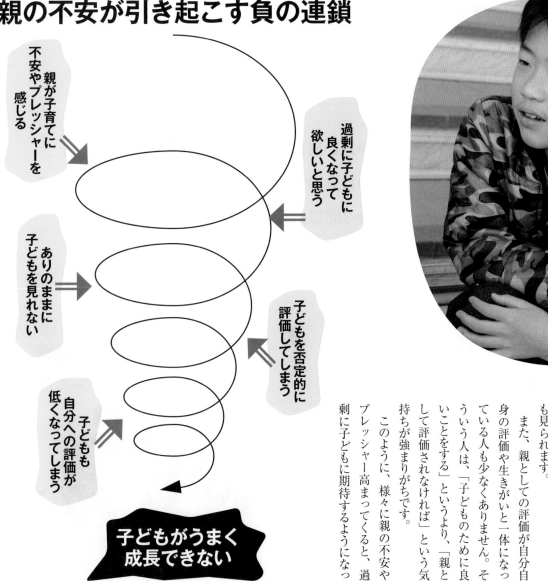

人間が物を判断、評価するためには、その物に対する判断や評価の基準を持っていなければなりません。それは思考のパターンと言い替えてもいいかもしれません。子どもを判断、評価する場合であれば、子どもの行動を見て、それを親の思考のパターンに当てはめて、判断や評価するのです。

ただ、やっかいなのが、人間の脳にはクセがあるのです。ですか

判断、評価するときの思考のパターンのクセ

子どもの行動

●思い出しやすいものに影響される

●自分の信念や考えに一致するものを重視する

●3回以上、同じことが繰り返されると、「いつも」のことを思ってしまう

判断、評価

ら、思考のパターンにもそのクセが反映されています。

脳のひとつのクセは思い出しやすいものに影響されるということです。ですから、子どもを評価するときも、思い出しやすい最近の出来事や行動、会話から判断することが多くなります。

また、自分の信念や考えに一致するものを重視するクセがあります。つまり私たちは「自分の見たいものを見て、聞きたいことを聞く」という思考の傾向があるのです。ですから、うちの子どもは出来が悪いという考えがあると、悪い所、足りない所ばかりが見えてしまいます。

さらには、3回以上、同じことが繰り返されると、それは「いつも」のことを思ってしまうクセもあります。3人以上が同じなら、「みんな」がそうであると思ってしまうのです。そのため、子どもが3回以上、親の期待を裏切る行動をすると、この子は「いつも」こうだとか、これはこの子の性格だというように思ってしまったりします。

常に柔軟に子どもを見ることを心がける

このように、子どもを判断する思考のパターンにはクセがあることを知ってください。自分の子どもを判断するときに、自分の思考にバイアスがかかっているのではないかと問い返すことが必要です。といっても人間の脳のクセは簡単には直らないのですから、大事なことは、あまり「この子はこうだ」と決めつけないことです。決めつけずに、常に柔軟に子どもを見ることを心がけてください。

さて、先に述べたように不安やプレッシャーにさらされているいまの親は、子どもを否定的に見がちです。ですから、否定的に見がちな思考パターンを知っていることは、子どもをありのままに見ることに役立ちます。以下がその片寄った思考パターンです。

1）全か無かの推論

少しの失敗や例外を認めることなく白黒をつけてしまう。子どもの少しの誤りですべてダメだと思ってしまう。

2）選択的抽出

ささいな否定的なところばかりに目がいってしまう。子どもの悪いところが気になり、よい面が見えない。

3）ダブルスタンダード推論

自分にだけ、他人より厳しい評価をしてしまう。他の子には甘いが、わが子にだけ厳しくなってしまう。

4）読心術推論

相手の気持ちを確認せずに自分はわかっていると勝手に思い込む。子どもの思いや意図を、思い込みで勝手に否定的に解釈してしまう。

5）個人化推論

自分に関係のないことも自分に関連づけてしまう。望ましくないことを何でも子どもや自分のせいだと思ってしまう。

6）情緒的な理由づけ

そのときの感情の状態から、物事を判断してしまう。イライラしていると、こどもの行動が悪く見える。

7）勝手な推論

根拠なく物事すべてを否定的にとらえてしまう。他のことと同様に理由もなく、子どものことをダメだと思ってしまう。

自分が子どもを見て評価や判断するときに、ここで述べたような思考のパターンに陥っていないか、振り返ってみてください。なかなか、否定的なバイアスなしに子どもを見るのは難しいものなのです。

子どもの良いところを毎日3つ探すといい

逆に子どもを肯定的に見るための具体的な方法もあります。

一つには、子どもを判断するときに「性格だから」というような抽象的な言葉を使うのではなく、具体的な行動に目を向けることです。「性格」とか「能力」「才能」といった抽象的な言葉は、思い込みを助長します。そんな言葉に惑わされるではなく、子どもが具体的に何をしているかをしっかり見ていけば、子どものいいところが見えてきます。

次にリフレーミングという手法があります。否定的な見方を転じて、肯定的な意味を見つける方法です。例えば、消極的→思慮深い、飽きっぽい→流行に敏感、暗い→落ち着いている、意志が弱い→協調性がある、というように、肯定的に意味を転じてとらえてみるのです。子どものことを否定的に感じたら、このリフレーミングを試してみてください。

三つ目は、できて当たり前という考え方を捨てることです。できないものがあるという認識を持つことで、否定的な気持ちが消えます。子どもに対して、これもできるはずだ、あれもできるはずだと思っているとしたら、それは過度な期待です。むしろ、できないものがあって当然と思った方がいいのです。

四つ目は、失敗についてどう見るかです。失敗する子どもをダメだと思って、叱ってもプラスにはなりません。むしろ、失敗で着目すべきなのは、そこから子どもが何を学んだかです。学んだものがあれば、それについてほめてあげてください。学ぶものが見つからないようなら、一緒に考えてあげましょう。失敗は次の成功へのステップなのですから、決して否定的にとらえる必要はないのです。

最後に是非、毎日、実行してみてもらいたいことがあります。それは、毎日、子どもの良いところを3つ探すということです。この「3つの良い所探し」はやってみると、結構難しいものです。毎日なんてとても無理だと思うかもしれません。でも、無理してでも続けていると、子どもを肯定的に見るクセがつきます。それが、とてもいいことなのです。

子どもを肯定的に見るための方法

子どもを判断するときに「性格だから」といった抽象的な言葉を使わず、具体的な行動に目を向ける

否定的な見方を転じて（リフレーミングして）、肯定的な意味を見つける。例えば、消極的→思慮深い

できて当たり前という考え方を捨てる。むしろ、できないものがあって当然

毎日、子どもの良いところを3つ探す。これで肯定的に見るクセがつく

失敗を叱ってもプラスにはならない。失敗から子どもが何を学んだかに着目する

的場永紋先生の

親と子の 悩み相談コーナー

子育てに悩みはつきもの。
日々、子どもと接しながら、
親として迷ってしまうのは当然のことです。
そんな時のヒントになるように、
専門家にアドバイスを聞きました。

写真◉越間有紀子

相談1 小学6年の娘が困ったことを親に相談せずに悩みを一人で抱え込み心配です

小学校高学年になると、悩み事を話す相手が親よりも友達になり始める時期です。親以外の友達に悩みを相談できていれば、心配する必要はないと思います。親としては、**いつでも困ったときは相談に乗る**ということを伝えて、相談の窓口は常に開いておけばいいと思います。

困ったときや、悲しかったり落ち込んだりしたときに、適切に助けを求めることができることはとても大切なことです。**他者にしっかりと助けてほしいと言えることを「援助要請行動」**と呼びますが、援助要請行動をしっかりととれることが、メンタルヘルスの悪化を防止し、改善・向上に役立ちます。そのため、日頃から、人に頼れること、相談できることが大事です。

しかし、実際に人に相談することは勇気のいることです。相談内容にもよりますが、困りごとを話すことは、少なからず自分の弱みを人に話すことでもあります。自分のできないことや苦手なこと、ネガティブな気持ち、弱音を吐いても相手は受け止めてくれるだろうかという心配に打ち勝たないとなかなか人に相談できません。しっかり者で常にいい自分の姿しか人に見せられない、いわゆる「いい子」はとりわけ苦手かもしれません。**困りごとや弱音、愚痴などを話すことができ、それをしっかりと受け止めてもらえた体験があれば、援助要請行動をしっかりとできることにつながります。**

また、**親が夫婦で相談し合うところを見せたり、ときには親が子どもに相談したりと、お手本を示すことも有効です。**まずは、親自身が悩みを一人で抱えないことが大切だと思います。

相談2 小6の息子が都合の悪いことをごまかしたり人のせいにして困っています

多くの親は、子どもが正直者になってほしいと思うのではないでしょうか。だからこそ、子どもが嘘をついてごまかしたり、人のせいにして言い訳する姿を見ると、ついつい感情的に怒ってしまいがちです。

まずは、改めてどうして子どもが素直に自分の非を認めて謝ることができないのかを考えてみることが大事です。**親からすれば良くない行動であっても、子どもからすれば、それをしたもっともな理由、そうせざるを得なかった理由があります。**

親の価値観（良い悪いの判断）をひとまず脇に置いて、子どもにとっての肯定的な意図を探っていくことが必要です。それをせずに、**「謝りなさい」と強制したり、叱ってばかりいると、**逆に叱られないように嘘をついてごまかしたり、他人のせいにして自分は悪くないこと（叱られることはしていないこと）の証明に必死になってしまうことがあります。

自分の気持ちがわかってもらえて初めて、相手の気持ちを本当に理解しようとするものです。思いやりのある子どもに育ってほしいのであれば、**まず子ども自身が自分自身の気持ちを受け止めて理解してもらえることが必要です。他者から受け入れてもらえる体験**（他者受容）があって、自分自身の気持ちを素直に受け入れられるようになります（自己受容）。そして、自分の気持ちが自分で受け入れられるようになって、相手の気持ちを想像でき、共感すること（他者理解）ができるようになります。**相手の気持ちが想像できれば、自然と反省する気持ちも生じてきます。**親としては、「他者受容→自己受容→他者理解」という順番を念頭に置きながら話を聴いてみてはいかがでしょうか。

子ども
たちは今
保健室
より

「忙しい母親にかわっての家事、妹の面倒で疲れてしまった6年生の女の子」

保健室は子どもたちにとって
大切な居場所です。
そこでは、担任の先生や親の前とは
違った顔を見せてくれます。
子どもたちの今を、
保健室よりお伝えします。

文◉井上優子・いのうえ・ゆうこ
東京都内の区立小学校で養護教諭
イラスト◉土田菜摘

続けて休み始めるのは まずいなと家庭訪問

毎朝、教室で担任が行う健康観察は、単純に出欠を確認するだけではなく、子どもたちの心身の健康状態をチェックします。感染症の流行予防はもちろん、登校しぶりや不登校の早期発見と対応についても、担任の日常の観察から得られる情報が重要です。

6年生の担任が、始業前に保健室へやってきました。「先生、**啓子がまた欠席して、これで3日連続**なんです。最近、具合が悪いって訴えも多かったし、続けて休み始めるとまずいなと思って…。ちょっと前に、総合病院で検査して、特に異常なかったって保護者から報告を受けているから、感染症とかじゃないと思うんですけど…」「確かに、これまで保健室に来たときも、熱はないし顔色も悪くなかったわね」「とりあえず今日、家庭訪問をする予定なんです」

翌日、担任の家庭訪問が功を奏したのか啓子が登校しました。数日間欠席したとは思えないくらい元気な様子で、友達と楽しそうにおしゃべりしています。「啓子ちゃん、もう体調はいいの？」「うん、全然大丈夫だよ！」「そう、よかった」

寂しさや不満が 身体症状になった恐れ

ところがその日の昼休みには、元気のない声で啓子が保健室へやってきたのです。「**先生、おなか痛くなった…**」「あら大変。まだ体調が戻ってなかったのかな。少し休もうか」ちょうどいいチャンスだと思い保健室で話を聞くことにしました。「啓子ちゃんさ、ずっと体調が悪い理由って何か思い当たることある？」「う～ん。病院で調べたんだけど何ともなかったんだよね。お医者さんも気持ちの問題じゃないかって言ってたし」「え！気持ちの問題って言われたの？」「うん。それで病院の相談室みたいなとこへ行ったんだけど、なに話せばいいかわからないし、別に悩みもないし」「**お母さんは何て言ってる？心配してるでしょ？**」「**お母さんと話すヒマないもん**」

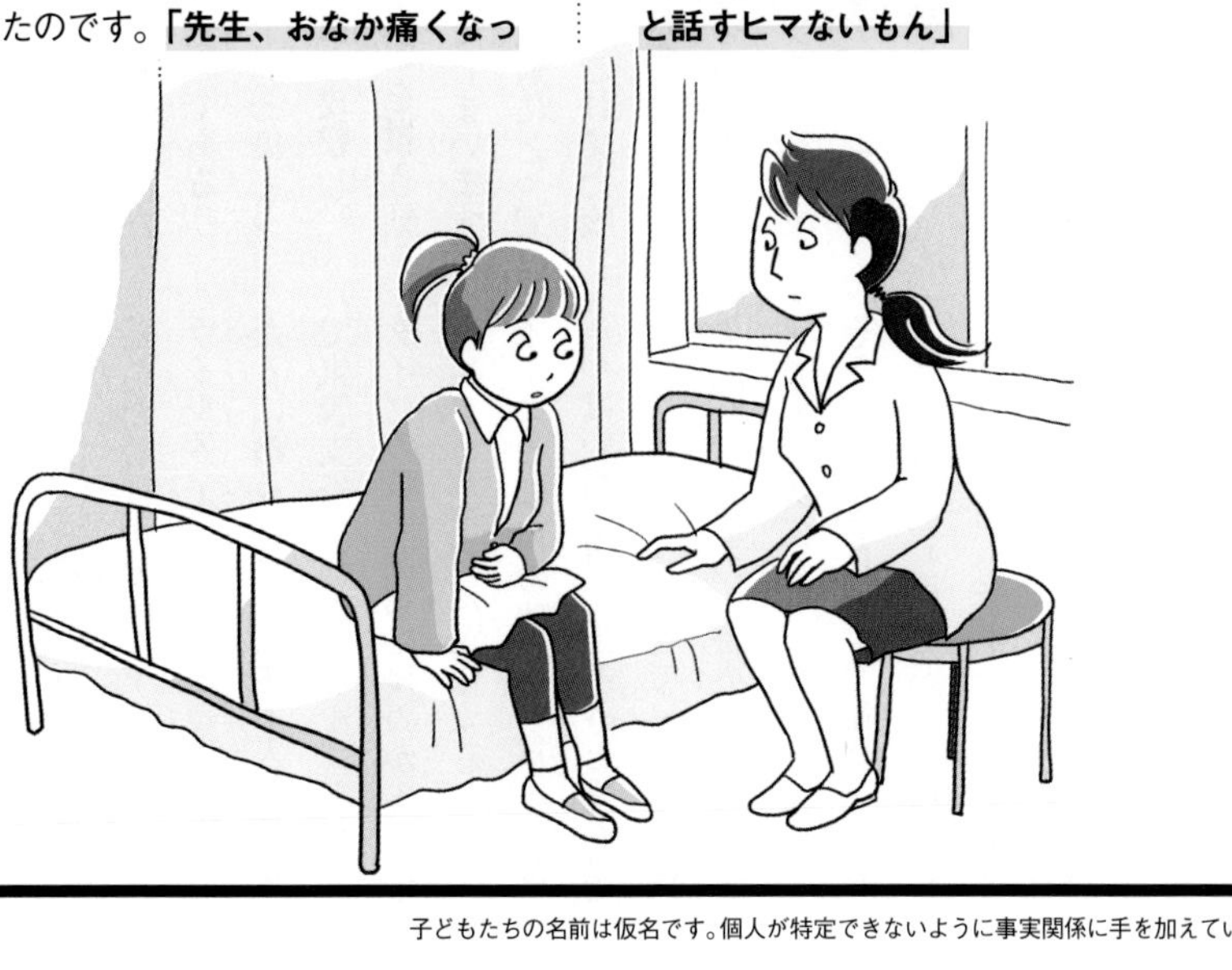

急に目を伏せて声を落とした啓子を見て、担任の言葉を思い出しました。啓子の家は母子家庭で、母親は昼夜かけもちで仕事をしているため、家事と1年生の妹の世話はずっと啓子が担っています。

もしかしたら、母親に言いたいことを言えず、寂しさや不満が身体症状になって表れているのかもしれません。

「そうか…お母さん忙しいんだね」「**うん。だから私、家に帰ったらご飯作ってね、洗濯物たたんでお風呂入れるの**」「えらいねえ！お母さんも啓子ちゃんを頼りにしているんだね」「妹の宿題とかみるの、めんどくさいんだよ」「なるほど…啓子ちゃんずっとがんばってるからさ、少し疲れてるんじゃないの？それでおなかが痛くなったとか」「そうかな」「お母さんもわかってるよきっと」「そんなことないよ。お母さんが心配してるのは妹のことばっかりだよ」

母親の役に立とうと 必死でがんばり続けた

妹が小学校へ入学してから数カ月間、啓子は**必死で母親の役に立とうとがんばり続けたのでしょう**。しかし、逆に母親は安心して啓子を気にかけなくなったため、**もっと自分を見てほしいという思いが生じたのかもしれません**。後日担任に、保健室での話を母親へ伝えてもらいました。母親は、「体も大きくなったし、すっかり大人になったと勘違いして頼りにしてしまいました。まさか、本人が寂しがってるなんて思いもよらなかった」と涙ぐんでいたといいます。

6年生ともなれば大人とも対等な会話ができるようになるし、低学年と比べるとなおさら何でもできるようになったと見えます。しかし、**心はまだまだ子ども。身近な大人に心配されたり認められたりすることが必要なのです**。いまの日本は大人ばかりか子どもも、忙しく余裕のない毎日を送っていることが少なくありませんが、親子の会話の時間は意識して確保してほしいなと思いました。

子どもたちの名前は仮名です。個人が特定できないように事実関係に手を加えている場合があります

特集2

子どもの長引く咳にはどういう対応が必要か

秋も深まると、風邪をこじらせてひどく咳き込む子が現れます。コンコンコンと咳が止まらなくて授業に集中できなかったり、夜布団に入ると決まって咳が出るためにぐっすり眠れなかったり。

咳は子どもの日常生活の質を下げる原因になります。夜中の咳が気になって、お母さんの方が寝不足で疲れ気味ということもあるでしょう。少しでも楽にしてやりたいと、のど飴をなめさせたり、うがいをさせてみたり、キンカンの甘露煮などいろいろな家庭での治療を試すお母さんもいるかもしれません。

本人にも家族にもつらい咳。すぐにでも止めてやりたいところですが、「やみくもに止めればいいというものではない」と話すのは、小児科医の中野康伸先生（中野こどもクリニック院長）。咳というのは、口から肺につながる空気の通り道（気道）に侵入したウイルスや細菌、ほこりなどを外に追い出そうと反射的に起こる防衛機能です。咳で強制排出されなければ、ウイルスなどの異物が簡単に気道をスルーして肺にまで届き、重い病気にかかることになります。

排出しきれずウイルスや細菌が気道に残ると、外敵がやってきたというので「闘う戦士」であるリンパ球や白血球がワーッと集まってきてウイルスや細菌を攻撃し、その残骸を気道の表面を覆う粘液にからめて洗浄してしまいます。これが痰です。痰は気道にとって余計な邪魔者なので、これまた咳によって強制排出されます。

つまり咳は侵入者を追い出すと同時に、気道にトラブルが起きていることを知らせるアラームサインにもなるわけですから、

「無理に咳を抑え込んでしまっては、適切な対応ができないばかりか、巧みな体の仕組みが生かされず、ウイルスや細菌が体の中に居座り続けて感染が長引いてしまいます」（中野先生）

子どもがかかりやすい咳の出る病気

咳の背景には原因となる病気があります。一番多いのは何と言っても風邪。風邪は気道の入り口でウイルスや細菌が増えた状態をいい、初めは「コホンコホン」と痰のからまないドライな咳が出ることが多く、鼻水が出始めると、鼻が喉に落ちてくるため「ゴホンゴホン」とウエットタイプの咳に変わります。風邪をひいて抵抗力が落ちた時に十分にケアをしないと、ウイルスや細菌が気道の真ん中あたりにある気管支にまで入り込んで気管支炎を起こします。ドライタイプの咳が次第に痰のからんだウエットタイプに変化すると、ウイルスや細菌の残骸を含んだ黄色っぽい痰を外に出そうと盛んに咳き込みます。ここで自己防衛に失敗し、気道の一番奥まで感染が進むと肺炎になり、咳と痰はいっそうひどくなります。肺炎など滅多にならないと思うかもしれませんが、最近、小学生の間にマイコプラズマと呼ばれる肺炎が非常に多くなっています。

「通常の肺炎とは異なり、マイコプラズマは激しい症状がないために気づかない人も多くいます。感染すると風邪のような症状から始まり、だんだん咳がひどくなってドライタイプの咳が1カ月近く続きます。とくに夜や明け方に咳き込むことが多いようです。比較的軽い症状とはいっても、知らないうちに周囲に飛沫感染させてしまうことがあるので注意が必要です」（中野先生）

子どもが咳込むと、そばにいる親の方がつらくなります。
風邪は治ったはずなのに咳だけ良くならない――そんな経験も多いのではないでしょうか。
風邪薬で様子を見ればいいのか、咳止めを使っていいのか、
そもそも咳の原因は風邪なのか、知っているようで知らない「咳」について聞きました。

文◉深津チヅ子　イラスト◉土田菜摘

長引く子どもの咳では、百日咳も忘れてはなりません。コンコンコンというドライタイプの咳を5~10回ほど立て続けにして、その後「ヒューッ」と息を吸い込む特徴的な咳をします。三種混合ワクチンを乳幼児期に接種しているはずですが、大学での集団感染が報告されるなど思春期くらいの子どもから若者中心に増加しています。ワクチン接種を済ませているか、母子手帳で確認しておくと安心でしょう。

こうした呼吸器系感染症のほかに、子どもの咳では喘息や副鼻腔炎の例が多いと中野先生。子どもの喘息の場合、発症するのはアレルギーのある子がほとんどで、発作的に「ゼイゼイ」という笛を吹くような喘鳴を繰り返し、激しい咳が出ます。副鼻腔炎になっている子は、季節の変わり目などに鼻をグズグズさせ始め、たまった鼻汁がノドの奥に落ちると、それを出そうとして咳が出ます。

半身を起こし 水を飲ませると楽に

咳き込むわが子を見ると咳止めを使いたくなりますが、前述したように自己判断で安易に使用せず、きちんと小児科を受診して原因となっている病気を特定し、治すことが大切です。咳がある場合、病院では痰を取り除く薬や気管支を広げる薬が処方されます。必要に応じてまれに咳止めが出されることもあります。

家庭でのケアのポイントは、まずは換気をこまめにして部屋の空気をきれいにするとともに、加湿器を使って湿度を保つと呼吸が楽になります。痰を切れやすくするために、水分を普段より多めにとることも忘れずに。夜中に咳込んだときも、水やお茶など飲ませると咳が少し治まってきます。寝る時の姿勢にもひと工夫を。仰向けでは痰がからんでむせるので、頭を少し高くして寝かせ、横向きにすると楽になるでしょう。咳き込んでしまったら、上半身を起こしてください。気管や肺を圧迫しないので痰が出やすくなり落ち着きます。咳がひどく十分眠れない日が続くようなら、早めに医師に相談しましょう。

高橋智隆

［ロボットクリエイター］

ココロのInterview 48

モノづくりの興味の原点はロボット。「自分の欲しいロボットをつくりたい」これに尽きる

子どものころ、「ほしいものは、買ってもらうのではなく、自分でつくるものだと思っていた」。そんなモノづくりに熱中した少年は、いまや大企業もつくれない独自のロボットを生み出している。原動力は子ども時代に重ねた工夫の数々にあった。

構成◉橋爪玲子
写真◉越間有紀子

「自分の欲しいロボットをつくり出したい」。私がロボットに携わっている理由は、これに尽きます。そのために、私はロボットの企画、開発、デザイン、製作、プログラムをほぼすべて一人でおこなっています。

「ロボット博士」が子どもの頃の憧れ

幼稚園のころ、「ロボット博士になりたい」と思っていました。両親の本棚にあった『鉄腕アトム』に描かれたロボットづくりのシーンや、そのロボットの体の中の構造や設計図に魅了されました。そしてロボットを生み出すお茶の水博士や天馬博士に憧れました。

子どものころからモノづくりが好きでした。両親は、当時、流行していた超合金などをほとんど買ってくれず、その代わりにＬＥＧＯブロックを与えてくれました。たぶん、特に何かの教育方針があったわけではないと思っています。どうやら子どもが喜びそうなツボを抑えている玩具にホイホイ引っかかってしまうのも、そんな玩具で家中がごちゃごちゃしてしまうのも嫌だったようです。ＬＥＧＯブロックをはじめ、画用紙や空き箱などを使ってロボットや車、飛行機と多くのものをつくりました。

当時から凝り性で、理想のものができるまで何度もやり直して、納得するまでつくり続けていました。

試行錯誤しながらつくったものが、でき上がったときのワクワクする気持ちは今も変わりません。

一方で、外でもよく遊びました。父に連れられて、週末になると昆虫採集や魚釣りに出かけたり、友達と野球やサッカーをしたりもしていました。

実家は滋賀県の琵琶湖のほとりにありました。バス釣りに小学校の高学年からはまり、学校から帰ると毎日のように釣りにでかけていました。だんだん、「ロボット博士」のことは忘れ、その後もスキー、自動車など、いろいろなものに熱中していました。

一念発起して、京大へ再び「ロボット」の道へ

附属高校から立命館大学の文系学部に進みました。バブルの最中だったので、卒業後は給料のいい仕事に就いて、休日に好きな事をして遊ぼうと思っていたのですが、卒業が近づいてきたときに、バブルがはじけました。ならば好きなことと仕事を一致させなければいけないと考えました。自分が好きなことはモノをつくることだ、その延長線上で、自分の好きなことと一致したのがスキー用品と釣り用具の両方をつくっている会社でした。リールを自作して面接に挑みましたが、結果は最終面接で落ちてしまいました。

正直、悔しかった。そしてちゃんとエンジニアとして勉強をしなおして、モノをつくる仕事に就こうと一念発起しました。それで1年間勉強して1999年に京都大学の物理工学科に入り直しました。ここは、ロボットを扱う「メカトロニクス研究室」がありました。自分自身にとってのモノづくりへの興味の原点でもある「ロボット」の道に進むことにしました。

大学に入学した時期、世の中でもソニーから家庭用ペットロボット「ＡＩＢＯ」やホンダから「ＡＳＨＩＭＯ」の前身となるロボッ

トが発表され、ロボットブームが始まりました。私も独学で地面と足の裏を磁気で吸着させる二足歩行ロボットをつくったところ、思った以上にうまくできたので、学内の特許相談室へ持っていき、特許を出願、その後商品化されました。

オリジナルのロボットを開発して発表していると、商品化の話も舞い込んできます。

現在、デアゴスティーニ社から発売されている「ロビ」は、コミュニケーションロボットです。毎週コツコツ組み立てていくと、できあがったロビと会話を楽しめます。結果、創刊号は２０万部販売され、予想を大きく超える大ヒット商品になりました。

スマートフォンの次は人型ロボットの時代へ

ロボットを取り巻く環境は２０１３年に入って大きく変わってきています。アメリカのシリコンバレーをはじめ、世界的な流れとして、ＩＴに続く産業が、ロボット分野だと考えられるようになりました。

日本にも何度かロボットブームがありました。しかし、どれも万博開催などの国内の事情からでした。ところが近年のスマートフォンの登場は、機械と人の距離を急接近させました。

例えばｉＰｈｏｎｅが成功した理由には、使いやすくしたインターフェースとタッチパネルです。そして、次世代のインターフェースとして期待されていたのが、音声認識機能です。でも、実際には音声認識はあまり活用されていません。四角い箱に話しかけることに抵抗感があるからではないでしょうか。一方で私たちはペットやぬいぐるみに話しかけたりします。なので、人のような外観や動きを持った小型ロボットができれば、人は自然に会話をするのではないでしょうか。そして、今の時代は、会話をすること自体に大きな価値があると思います。

現在、ほとんどのＩＴサービスが利用者各々の好みやライフスタイルといった情報を集め、それに合わせた情報や商品の提案をしています。人型ロボットとの日常的な会話から情報を収集し、それぞれに見合ったサービスを返すことができる。私が取り組んでいるそんなヒューマノイドロボットこそ、スマートフォンに置き換わるものになるはずだと考えています。

現在、ヒューマンキッズサイエンスという「ロボット教室」のアドバイザーとして、教材を作成しています。自分の子ども時代や、ロボット教室などで教えた経験から言えることは、ロボットは子どもに人気が高く、理系の入り口としては最適だということです。また、空間認識能力や論理的に考える思考力が養えます。

そして、子どもの意外な一面を知るきっかけにもなるかもしれません。

ロボット教室やイベントで子どもたちに教えると、彼らの性格や能力は実に多様であることに気付かされます。教室では、すごいスピードで組み上げる子もいれば、説明書どおり丁寧に部品を並べながらつくる子もいる。ちゃちゃっと完成させる子のほうが要領がよくて優秀なのか、と思いきやそういう子のロボットはちゃんと動かない。一方で、ゆっくり地道に組み立てていた子の作品は一発で動く。子どもの能力はひとつの尺度では測れな

”でき上がったときのワクワクする気持ちは今も変わりません。“

たかはしともたか

1975年生まれ。滋賀県出身。
京都大学卒業。ロボカップ世界大会5年連続優勝(2004年〜2008年)。
現在、(株)ロボ・ガレージ代表取締役、東京大学先端研特任准教授、ヒューマンキッズサイエンスロボット教室顧問。

いし、他人と比較できるものでもないと強く感じました。

またロボット教室で毎年開催している全国大会では、子どもたちの発想の豊かさと柔軟さを目の当たりにします。

今年のMVPはダンゴムシのロボットです。沢山の足でモゾモゾ歩き、手を打ち鳴らすと、びっくりして丸まってしまう。限られた部品を駆使してこんな面白いロボットを生み出すことに驚き、子ども達の無限の可能性を感じました。

子どもは手を動かしてモノをつくってほしい

子どもたちには、とにかく手を動かしてモノをつくってもらいたいと思っています。頭の中で考えているだけでは先に進まないし、組み立ててみると思ったより上手くいったり、ぜんぜんダメだったりします。そして手で触りながら考えると、思いもつかないアイデアが生まれ、工夫する余地がでてきます。今では、できた作品をインターネットで人にみせることだってできます。試行錯誤しながら何かをつくる能力は、将来、自分の道を自分で切り開く力になると感じています。

親御さんには、子どもの一時期や一面だけを見て、天才じゃないかとか出来が悪いとか、一喜一憂するのではなく、長い目で見守ってあげてほしいです。そして、子どもの能力を発見できる機会をたくさん与えてあげてほしい。今や日本中で多種多様なイベントや教室があるので、是非親子で参加してみて下さい。

子どもの本の世界

山本省三

［絵本作家］

私の「面白い」をみんなの面白いに

世の中に不思議なことを、
わかりやすく伝えていく。
そして、その面白さを子どもと
「共感」できたら、
それが作者の山本さんにとって一番幸せ。

構成◉橋爪玲子

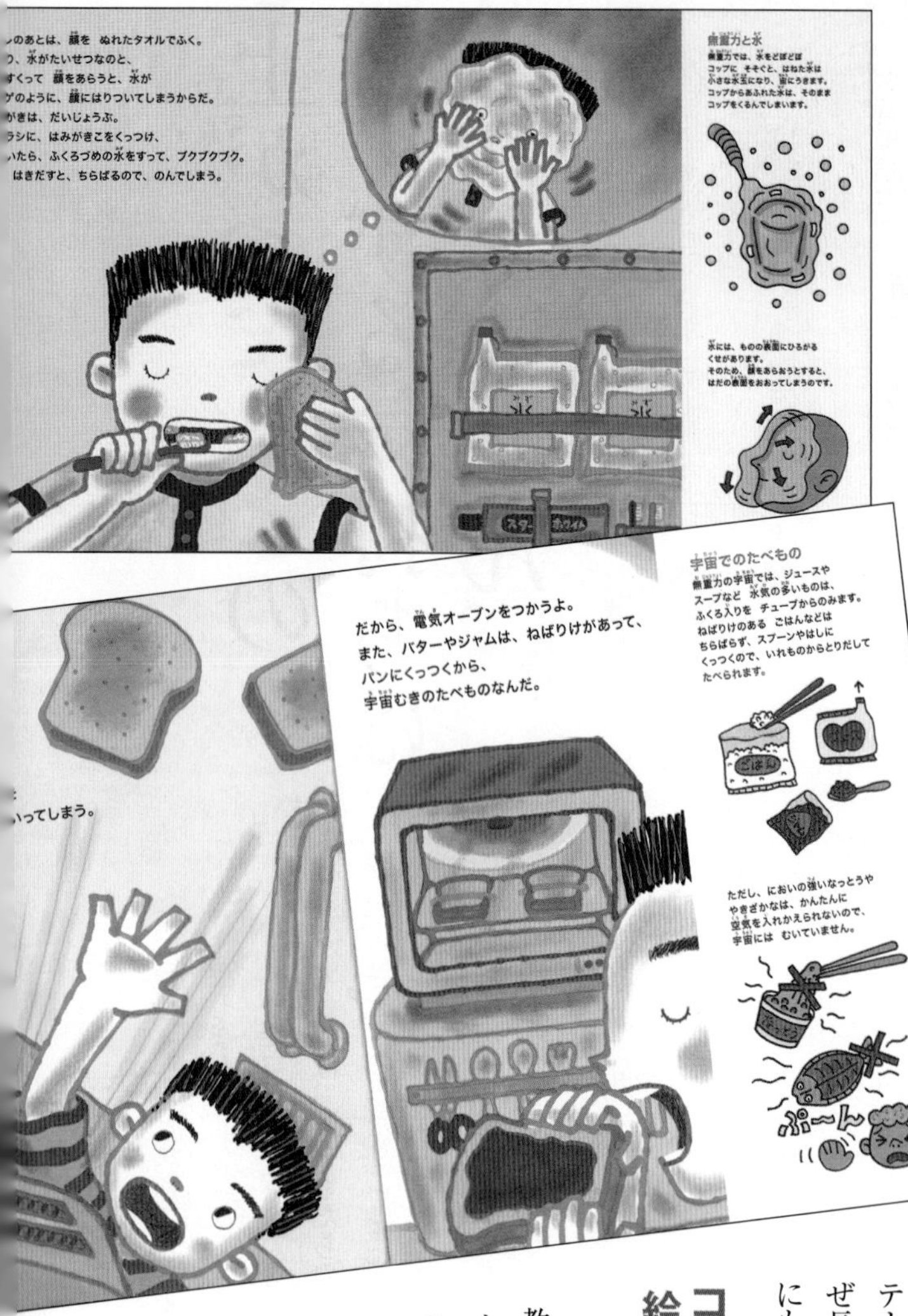

のあとは、顔を　ぬれたタオルでふく。
、水がたいせつなのと、
すくって　顔をあらうと、水が
ゲのように、顔にはりついてしまうからだ。
がきは、だいじょうぶ。
ラシに、はみがきこをくっつけ、
いたら、ふくろづめの水をすって、ブクブクブク。
はきだすと、ちらばるので、のんでしまう。
無重力と水
無重力では、水をどぼどぼ
コップに　そそぐと、はねた水は
小さな水玉になり、宙にうきます。
コップからあふれた水は、そのまま
コップをくるんでしまいます。
水には、ものの表面にひろがる
くせがあります。
そのため、顔をあらおうとすると、
はだの表面をおおってしまうのです。
いってしまう。
だから、電気オーブンをつかうよ。
また、バターやジャムは、ねばりけがあって、
パンにくっつくから、
宇宙むきのたべものなんだ。
宇宙でのたべもの
無重力の宇宙では、ジュースや
スープなど　水気の多いものは、
ふくろ入りを　チューブからのみます。
ねばりけのある　ごはんなどは
ちらばらず、スプーンやはしに
くっつくので、いれものからとりだして
たべられます。
ごはん
ただし、においの強いなっとうや
やきざかなは、かんたんに
空気を入れかえられないので、
宇宙には　むいていません。
ぷ〜ん

私の作品は、自分が「面白い！」と感じたことばかりです。宇宙の専門家、海底の専門家、動物の専門家――。さまざまな方たちとの偶然の出会いからひらめいたことを、どんどん作品にしています。

代表作のひとつが、『パンダの手には、かくされたひみつがあった！』です。パンダには、指が7本あるんですよ。知っていましたか？

熊は、魚を握って食べませんよね。それなのに、とても熊に近い動物であるパンダは、ササを握って食べられる。どうしてか。それは、指が7本あるからなんです。

新聞に、そう書いてありました。上野動物園のパンダが死んでしまい、解剖したら、指が7本あることが発見されたそうです。驚きました。

パンダの話を新聞に書いていた動物学者の遠藤秀紀先生に監修をしてもらい、作品に仕上げました。また、1冊だけではなく、シリーズで出しましょうと出版社から言われ、遠藤先生と一緒に、これまでに5冊の「動物ふしぎ発見」シリーズを出版しました。テーマとしては、「ゾウの鼻は、なぜ長いのか」とか、「ペンギンの体にも飛ぶ仕組みがある」とか――。

コピーライターから絵本作家に転身

高校卒業後、横浜国立大学の教育学部に進学しました。私は、小学校の先生の免許も持っているんですよ。

でも、大学3、4年の、これからの就職先を決めるというときです。

私は広告の仕事にも興味がありました。このまま小学校の先生を目指すか、広告の仕事を目指すか悩んでいたころ、飲料メーカーの「養命酒」が、コピーライターを募集していました。

「コピーライター」は、広告の文案を考える仕事です。テレビCMは、15秒とか30秒の短編映画のようなものです。その広告映像をつくるとき、どんなシナリオにするのか、どんなセリフにするのか、そういったこともコピーライターは手掛けます。

そんな仕事を募集していました。応募したところ、運よく採用され、コピーライターの道を選んだのです。

養命酒では新聞やラジオ、テレビの広告のキャッチコピーからイラストの下絵、デザインまで、すべてをまかされました。イラストは、専門のイラストレーターがいるのですが、「こんな絵を」というイメージ画を描いたところ、上司から「絵がうまいね」と褒められ、もっとイラストの勉強をしたいと思いはじめました。

広告づくりの仕事は、きちんと午後5時に終わりました。そのまま飲みに行ったり遊びに行ったりするのではなく、その時間で勉強をしようと思ったんです。仕事のあとに、小説の挿絵や本の表紙のイラストの描き方を勉強できるカ

やまもと しょうぞう
1952年、神奈川県生まれ。
横浜国立大学卒業。
81年に『ロイおじさんのちょっとかわったレストラン』
（絵・鈴木博子　コーキ出版）で絵本作家デビュー。
動物の不思議を描いたシリーズ絵本（くもん出版）など、著書多数。

山本省三先生の著作です

山本省三
もしも宇宙《うちゅう》でくらしたら

動物ふしぎ発見
パンダの手には、かくされたひみつがあった！

ルチャースクールに通い始めました。そこで、絵本と出会いました。

絵本の世界は好きな映画に似ていた

外国の絵本でした。色が美しく、画集とも違う絵本の世界は、映画のようでした。私は、高校から大学時代に、年300本も映画を見るほどの映画好きでした。映画で言えば、台本から演出、カメラ、監督、プロデューサーまで、すべて一人でできる絵本の魅力に引き込まれました。

そこで次に受けた絵本講座で、児童文学者の故・高橋宏幸先生と出会いました。作品が、小学校の教科書にも取り上げられている有名な先生です。

高橋先生に教えてもらう絵本作りが面白くて、すっかり、はまってしまいました。実は、会社でも、仕事をしているふりをして、こっそり物語を書いていました。さすがに、絵を描くことまではできませんでしたが。

同じ講座で、とても素敵な絵を描く女性がいて、私の物語と彼女の絵で合作したのが、最初の作品『ロイおじさんのちょっとかわったレストラン』です。高橋先生も「なかなかいいね」と褒めてくれて、編集者の目にとまり、絵本作家としてデビューできました。とんとん拍子で最初の絵本が出版されたことで、調子づいてしまい、絵本で食べていこうと、思い切って会社を辞めてしまいました。29歳のときです。

高橋先生に報告すると「1冊出たぐらいで食べていけるなんて、そんな甘い世界じゃない」と、ものすごく怒られましたが、先生の紹介もあり、いまこうして絵本作家として暮らしています。

さあ、学校へいく時間だ。
「おはよう！」
なかまのすむ へやをまわり、
みんなで つながって、
宇宙ステーションのつうろを ふわふわ。
まがりかどには、
当番のおとうさんや おかあさんが
いて、れつを、そっとおしてくれる。
そうやって、むきをかえながら
小学校まで とんでいくんだよ。
宇宙は、手で歩く
無重力では、ゆかに足をつけて
歩けません。
ちかいところは、手すりをつたって
うごきます。
はなれたところは、かべを かるくおし、
はねかえる力で 宙をおよいで
すすみます。
足でけるより、手のほうが 強さを
かげんできるので べんりです。

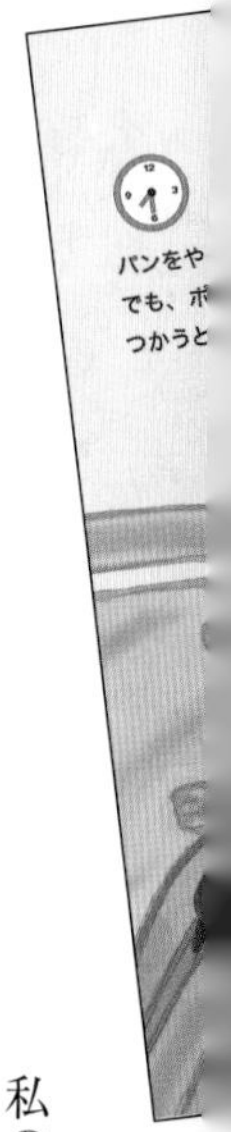

私の作品は、自分が子どもの頃に、こんな本を読みたかった、という本を描いています。

「物語」の動物ではなく本当の動物の世界を

『パンダの手には、かくされたひみつがあった！』では、漫画や絵本など、創作の世界の動物は擬人化され、動物が食器を使って食事するシーンもありますよね。そういう「物語」ではなく、本当に不思議な動物の世界を作品にしたいと思いました。スプーンでスープを飲む動物ではなくて、「子どもたちに本当の姿を見せてあげたい」「動物好きの子が聞いたら、きっとワクワクする」と思ったんです。

ドッジボールをみんなでする。
体がういていると、すばやく うごけないんだ。
水のなかに ういているかんじに にているよ。
ボールがとんできたら、よけられないので、
うけとめるか、あたってしまうしかない。
バシッ！
「ひゃあ、やられたあ！」
でも、ぼくのにがてだった とびばこは、
高くたって へいき。
てつぼうも かんたんだ。
どちらも、足もとを かるく
けるだけでいいんだ。
宇宙とスポーツ
無重力の世界では、できない
スポーツがあります。
まず、およぐのは 水をプールに
ためておくことができないので むりです。
スケートやスキーも 体が
うかんでしまって できません。
テニスなどは、コートを 1面でなく、
かべの 4つの面をつかったら
おもしろいはずです。
サッカーやバスケットボールは、すばやく
うごくために、かべを 足や手で
タッチしながら、たたかいます。
そのため、もっとハラハラドキドキする
ゲームになるでしょう。

『もしも宇宙でくらしたら』は、宇宙ステーションを設計している方との出会いがきっかけです。宇宙で泣いたら、どうなるのか。宇宙で歯を磨くとき、実は泡をゴックンする、など宇宙でくらすと1日ってどうなるのかを描きました。

私が面白いからみんなに伝えたいと思ったことを、同じように「共感」してもえらたら、うれしいです。

レッツ
何でもトライ 17

みらいの学校を体験しよう！

目をつぶって足の裏に気持ちを集中させます！

カラダの感覚、直感を大切にしましょう。

みらいの学校って、どんなところ？
未来指向の教育ツールを体験するイベント「みらいの学校」
が東京都品川区で開かれました。
3Dプリンター、アプリ制作、ヨガなどいろんな科目を勢ぞろいしました。

写真◉越間 有紀子

ヨガ体験

ゆっくりとカラダを伸ばします。

皆でヨガを体験します。目をあけない、正座をするなど基本的な動作を通じてカラダとココロをつなぎ、集中力を高めます。

3Dプリンター体験

このネコちゃんは実際に3Dプリンターでつくったものだよ！

プリンターが動いて少しずつ物体が出来上がります。不思議だなあ。

3D プリンターに触れてみます。タブレットを使ってデザインをしたりスキャンして、それを3D プリントします。

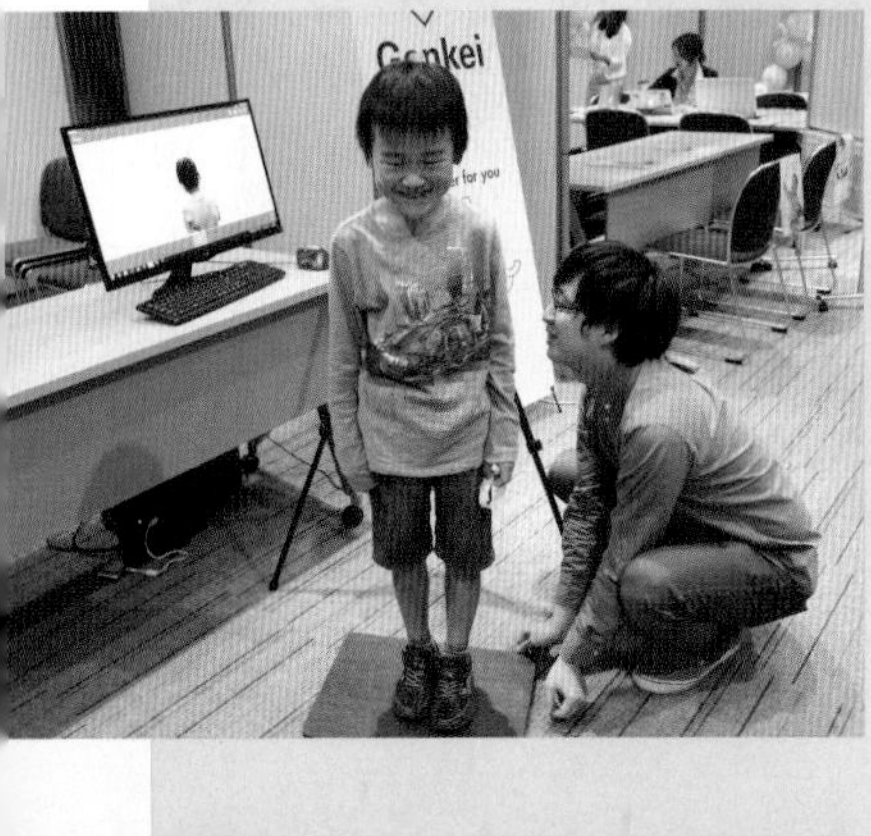

この機械がスキャナだよ。小さくてびっくり！

自分のカラダをスキャナで取り込めば、自分のフィギュアもできちゃいます!数分でデータの取り込みが完了!

アプリ制作体験

プログラミングの知識がなくても、ちょっと勉強すればアプリを作ることができます!

お話の世界体験

動く紙芝居（パネルシアター）によるお話の世界を入り込みます。いろんなお話が飛び出すよ!

知育ブロック体験

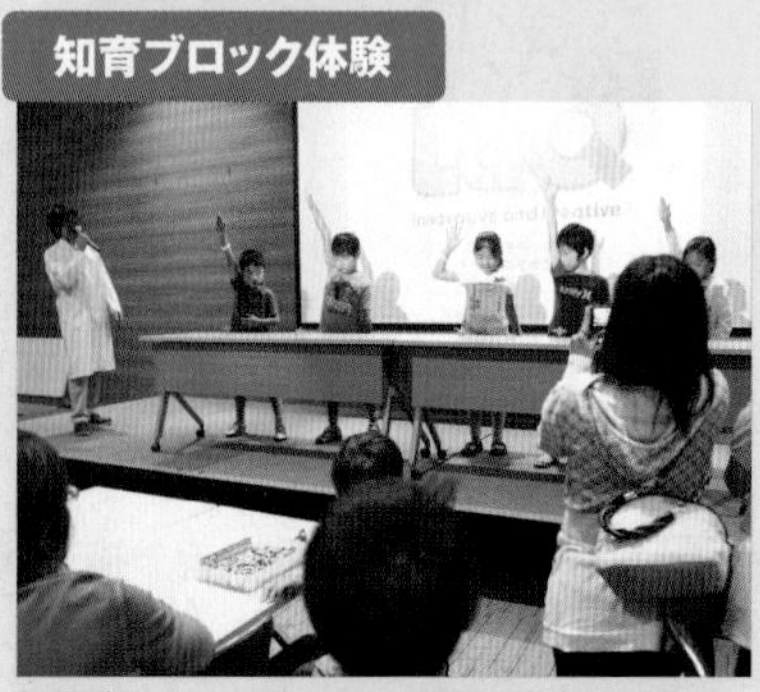

知育ブロックでコマをつくり、コマ回し大会しをました!
みんないろいろなコマを工夫してつくりました!

参加の申し込み、問い合わせ

みらいの学校
http://www.miraino gakkou.com/#!index/mainPage
主催:ラナンキュラス株式会社
東京都大田区池上3-9-11　2F
http://ranunculus.co.jp

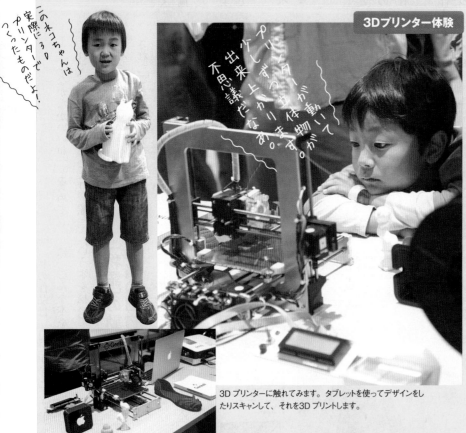

鷗《おう》友《ゆう》学《がく》園《えん》女《じょ》子《し》中学校

鷗友学園が目指す “グローバル化”とは

〝グローバル化〟とひと口に言っても、その考え方は様々です。かねてから英語教育に定評がある鷗友学園女子中学校が目指す〝グローバル化〟について、吉野明校長先生にお伺いしました。

吉野《よしの》 明《あきら》 校長先生

School Data

Address	東京都世田谷区宮坂1-5-30
Tel	03-3420-0136
Access	東急世田谷線「宮の坂」徒歩4分、小田急線「経堂」徒歩8分
URL	http://www.ohyu.jp/

今、教育界では〝グローバル化〟が大きなテーマになっています。文部科学省は、「国際社会のなかで、より戦える人材」を学生のうちから育てようとしています。

新しいグローバル教育

しかし、本校が考えるグローバル化とはそういうことではありません。もっと草の根的なものです。

例えば国境線があったとしても、その国境線を超えた人と人とのつながり、関係性を大切にする。そのために、国籍や文化が違っても、きちんとコミュニケーションをとり、相手のことを理解し、自分の考え方も伝えていく。そして、お互いの立場が分かったうえで、多少の葛藤、ぶつかりあいがあったとしても、それを乗り越えて、新しいものを一緒につくっていけるような人材を育成することが〝グローバル化〟、〝グローバル教育〟だと考えているのです。

土台としての人間関係を結ぶ力

これまで、本校は高らかにグローバル化を掲げてはいませんでしたが、こうした人材を育てるための教育はずっと行ってきました。

具体的にお話ししますと、30数年前から「カウンセリング」、10数年前から「エンカウンター」、そして昨年からは「アサーション」というプログラムを取り入れています。

中1段階から3つのプログラムを実施するなかで、人の話を聞き、理解し、自分の考えを相手にきちんと、しかも相手の気持ちを考えながら伝える力を養います。人間関係をきっちりと結ぶことがまず国際化の第1歩ではないでしょうか。

使える語学力と体験による実践力

もちろん語学力も身につけていきます。本校では中1からオールイングリッシュの授業をずっと行っています。中学3年間で100万語読むことを目標に、原文の童話や絵本を手に取るところからスタートします。生徒たちは、共通語としての英語を「好きで、面白い」という気持ちで学んでくれているので、そうして養った語学力を海外でも使えるようになってくれればいいですね。

実践的に英語を使う場も用意しています。ひとつは、一昨年から参加している韓国のハナ高校で行われている国際シンポジウムです。中国・韓国・シンガポールなどの高校生と、あるテーマのもとでディスカッションなどをするプログラムです。ほかにも、アメリカ留学や、別の国への短期留学などの態勢もこれから整えていく予定です。さらに、できるだけ多くの生徒にそういった場を経験させてあげたいという考えから、イェール大学を訪問し、施設見学や現地の学生とのディスカッションを行うという新たなプログラムも導入しました。

鷗友学園女子は、これまでどおり、人と人との関係づくりがしっかりとできる女性を育てながら、その土台のもとで語学力を身につける〝グローバル化〟を進めていきます。

生徒は楽しみながら英語の多読を進めていきます

開智日本橋学園中学校【共学】

自分の「きらり」が受験で生きる、多様な入学試験

来年度からスタートする開智日本橋学園中学校。国際バカロレアに準拠したカリキュラムやアクティブラーニングを取り入れた授業など、教育内容が話題を集めていますが、二月一日から計五回実施される入学試験も大変ユニークな内容になっています。それぞれの回の特徴を、新しく設置される三つのクラスのご紹介と併せて取材しました。

【取材SE企画】

「得意な型」で受験できる、多様な入試

開智日本橋学園中学校の教育理念は、「世界中の人々や文化を理解、尊敬し、平和で豊かな国際社会の実現に貢献するリーダーを育成する」ことです。

校長の青木徹先生は、こうつけ加えてくださいました。

「社会に貢献するためには、まず『自分には何ができるのか、自分は何が得意なのか』を考えることが大切です。今得意なものを伸ばす、学校生活を送る中で得意なものを見つける。そういうことができる生徒を開智日本橋学園中学校に迎えたい。入学試験は全部で五回行いますが、毎回特色が異なります。自分の『得意な力』を発揮できる入試にチャレンジしてください」

このように、二月一日から四日まで、合計五回実施される開智日本橋学園中学校の入試は、各回ごとに、入試問題の傾向や難度が異なります。では、順を追ってご紹介しましょう。

公立中高一貫校との併願者に最適な「適性検査型入試」

開智日本橋学園中学校には三つのクラスがあります。IB理念に基づいてMYPの教育を行う、帰国生やインター生等英語に堪能な生徒のための「グローバルリーディングクラス」（GLC）、IBに準拠した学びを行い、アクティブラーニングを主体とした探究型・協働型の授業を実践し、最難関大学を目指す「リーディングクラス」（LC）と難関大学を目指す「アドバンスドクラス」（AC）です。

二月一日午前に行われる「適性検査型入試」はこの三つのクラスすべての志望者が対象になります。名前の通り、試験科目は公立中高一貫校型の適性検査ですので、公立との併願を考えている受験生には最適です。また、青木校長先生からは、「適性検査で点数を取るには、グラフや資料を正確に読み取ることがで

2015年度（平成27年度）　入 試 概 要

	適性検査型入試	第一回入試（特待生選考）	第二回入試（最先端選考）	第三回入試（先進選考）	総合型入試
試験日	2月1日(日)	2月1日(日)	2月2日(月)	2月3日(火)	2月4日(水)
試験の種類	適性検査	4科	2科・4科	2科・4科	3科
集合時間	8:30	14:30	14:30	14:30	8:30
試　験	適性検査Ⅰ	国語	国語	国語	国語
	適性検査Ⅱ	算数	算数	算数	算数
	GLC希望者のみ面接	理科・社会	理科・社会	理科・社会	理科or社会or英語
	———	GLC希望者のみ面接	———	———	GLC希望者のみ面接

GLCの面接は、複数回受験者については初回のみ面接があります。

≪学校説明会・行事日程≫

	日　程	時　間
学校・出題傾向説明会	11月1日(土)	10:00～
	11月29日(土)	10:00～
授業体験&学校説明会	11月9日(日)	10:00～
	12月21日(日)	10:00～
保護者対象説明会	11月14日(金)	18:00～
	12月12日(金)	18:00～

※詳しい内容は、ホームページ等で順次発表いたします。お問い合わせは「広報部」までお願いします。

きる分析力や思考力、考えたことを正確に説明できる表現力などが必要です。これらの力は、開智日本橋学園中学校が目指す探究型授業の土台となるもの。ですから、併願者だけではなく、第一志望の方にもぜひ受験していただきたいと思います」とアドバイスをいただきました。

三人に一人は特待生！「第一回入試」

同じ二月一日の午後に行われる「第一回入試」は同じく三つのクラスすべてが対象になります。副校長の宗像諭先生は「この入試は、特待生選抜のための入試です。科目は四科です。他の回に比べてやや難易度が高く、深く考えて、その考えを整理して解く問題が中心となります。他の回でも約5～10％の特待生を出しますが、この第一回入試では約30％を特待生合格としますので、皆さん積極的にチャレンジしてください」と語ってくださいました。

最難関大学を目指す受験生は「第二回」、第一志望の受験生は「第三回入試」

二月二日午後に行われるのが「第二回入試」、二月三日午後に行われるのが「第三回入試」です。この二つの入試では、LCとACのみを対象にしています。この入試について、宗像副校長先生は、次のように説明してくださいました。

「第二回入試は、LC志望者、つまり最難関大学を目指す生徒を選抜するものです。そのため、問題は標準よりやや難易度の高いものになります。LCの合格基準に達していなくても、ACの基準に達していればスライド合格を出します。また、第三回入試は、何がなんでも開智日本橋学園の教育を受けてみたいという、第一志望の方向きの入試です。私たちは、学力ももちろん大切ですが、この学校で学びたいという熱い気持ちも大切にしたい。ですので、この回は他の回に比べてやや易しめな問題から標準的な問題までを出題します。基本的にはAC入学者を選抜しますが、得点の高い方はLCへのスライド合格も考えています」

得意な科目で合格できる！「総合型入試」

最後に、二月四日午前に行われる「総合型入試」をご紹介します。この回は三つのクラスすべてが対象となります。特徴は、試験科目です。国語・算数の二教科プラス理科・社会そして英語の中から一科目を選ぶという「三科目入試」になります。

この入試について宗像副校長先生は「この回は、三科目の合計点で判定するのはもちろんですが、たとえば国語と理科でちょっと失敗してしまったけれども算数の点数が非常に良かったというような方も合格にします。これこそが、『得意科目で受験する』ということだと思います。特に、英語が得意な方、どんどんチャレンジしてみてください」と説明してくださいました。

このように、各回ごとに特徴のある開智日本橋学園中学校の入学試験。自分に向いているのはどのタイプの入試なのかを見つけて、受験してみてください。

開智日本橋学園中学校

〒103-8384　東京都中央区日本橋馬喰町２－７－６
TEL　03-3662-2507
http://www.njk.ed.jp

＜アクセス＞
JR総武線・都営浅草線「浅草橋駅」徒歩3分
JR総武快速線「馬喰町駅」徒歩5分
都営新宿線「馬喰横山駅」徒歩7分

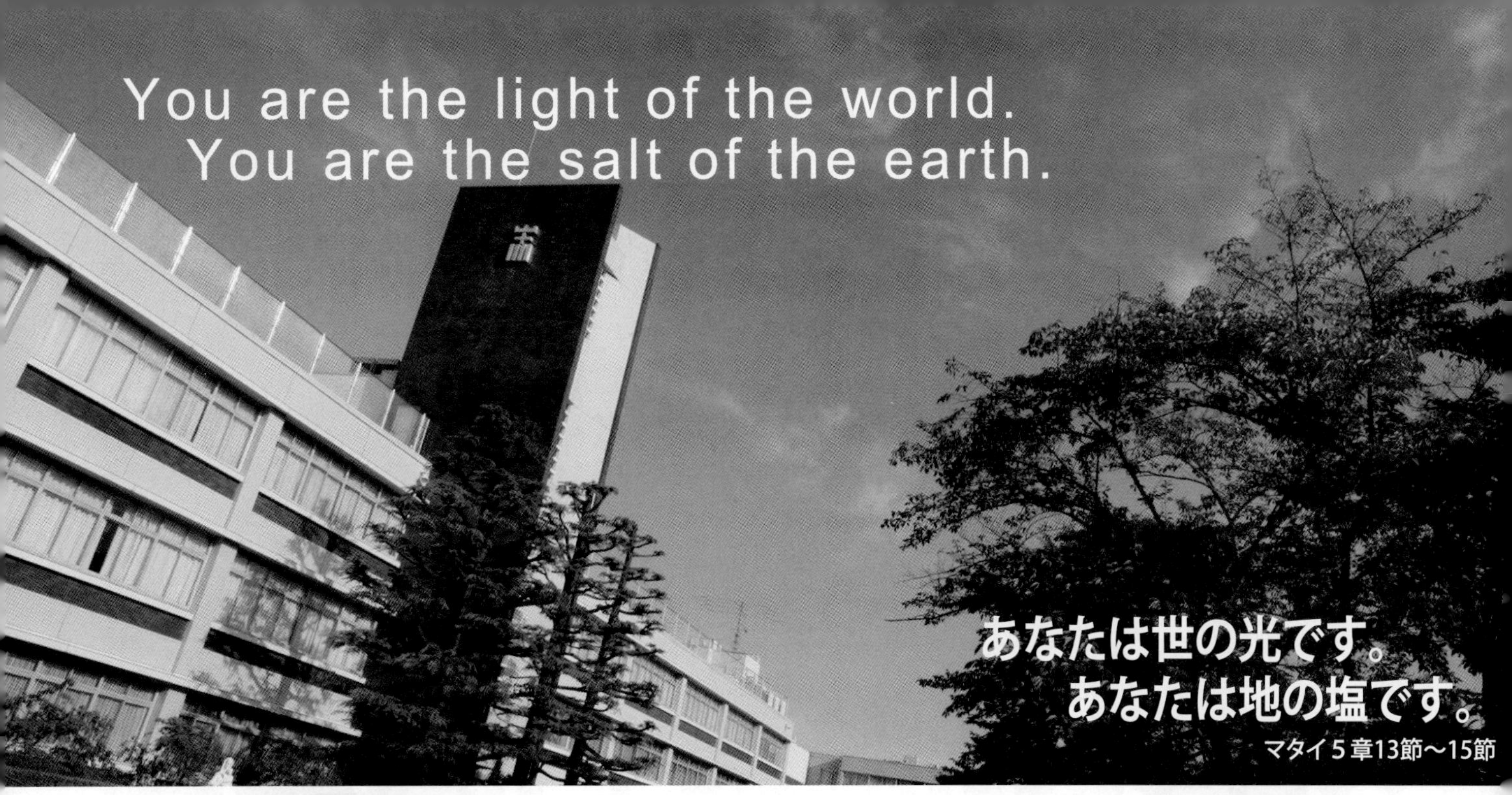
You are the light of the world.
You are the salt of the earth.
あなたは世の光です。
あなたは地の塩です。
マタイ５章13節～15節

そのままのあなたがすばらしい

入試説明会

［本学院］ ※申込不要

11.16（日）14：00～15：30
終了後 校内見学（～16：00）

過去問説明会

［本学院］ ※申込必要

11.29（土）14：00～16：00
＊ 6年生対象　（申込締切 11/19）

【申込方法】

ハガキに「過去問説明会参加希望」「受験生氏名（ふりがな付）」「学年」「住所」「電話番号」、保護者も出席の場合は「保護者参加人数」を記入し、光塩女子学院広報係宛にお送りください。後日受講票をお送りいたします。

校内見学会

［本学院］ ※申込必要

12.6（土） 10：30～12：00（授業参観・ミニ説明会 DVDによる学校紹介）

1.10（土） 10：30～12：00（授業参観・ミニ説明会 DVDによる学校紹介）
＊6年生対象

1.24（土） 10：30～12：00（授業参観・ミニ説明会 DVDによる学校紹介）
＊6年生対象

2.21（土） 10：30～12：00（授業参観・ミニ説明会 DVDによる学校紹介）
＊5年生以下対象

【申込方法】
電話で「希望日」「氏名」「参加人数」をお知らせください。

2015年度入試要項

募集人員	第1回 約60名	第2回 約30名（総合型約10名含む）	
試験日	2月2日（月）	2月4日（水）	
入試科目	4科/面接	【4科型】4科/面接	【総合型】国語・算数 総合/面接
合格発表	2月2日（月）	2月5日（木）	

2/4（水）に総合型入試を実施いたします

光塩女子学院中等科

〒166-0003　東京都杉並区高円寺南2-33-28　tel.03-3315-1911（代表）　http://www.koen-ejh.ed.jp/
交通…JR「高円寺駅」下車南口徒歩12分／東京メトロ丸の内線「東高円寺駅」下車徒歩7分／「新高円寺駅」下車徒歩10分

ここから、夢が始まる。

共栄学園 中学高等学校 一貫コース

共栄学園中学高等学校は、「知・徳・体」の調和がとれた全人的な人間育成を目標とする男女共学中高6ヶ年一貫コースを擁する進学校です。京成本線お花茶屋駅徒歩3分という交通至便な立地で、日暮里・北千住などのターミナル駅にほど近い、東京・埼玉・千葉を通学圏とする都市型学園です。今年、創立 77 周年を迎え、中高一貫男女共学進学校として広く認知され、進学実績も急上昇、活力あふれる進学校として邁進しています。「特進クラス」「進学クラス」の募集を行い、特進クラスの入試では、「特進・特待入試」を実施。学力に応じて入学手続き時納入金と最大6年間の授業料・施設維持費のおよそ 300 万円が免除される、スーパー6ヶ年学力特待生制度を実施しています。

一貫生が「東大・東北大」など超難関大学へ合格

6年後に目指すは、3ランクUPの進路実現

入学時の学力を6年間かけて、「3ランク」上の大学への現役合格を目標に、教科指導、進路指導を行います。大学入試に必要な教科の授業数を多く確保し、無理なく単位を修得し、高3では、入試科目を中心にした授業を展開し、3ランクＵＰの大学合格を可能にしています。

本年度も、東京大学、東北大学、筑波大学、早稲田大学、慶應義塾大学、上智大学、東京理科大学、明治大学、青山学院大学などの難関大学へ合格、80%の大学進学率をあげています。

優れた進学教育を行う共栄学園では、2度目の東京大学合格者をはじめ、着実に進学実績を伸ばし続けています。

特進クラス&進学クラス

共栄学園中学校の入試では特進クラスと進学クラスの2コースで募集が行われます。

中学3年次までは、授業進度は揃えながら「特進クラス」では発展的な問題の研究を積極的に取り入れ、「進学クラス」では基礎学力の徹底理解を主眼に授業を進めます。「特進クラス」では、「長期休暇中の特訓講習」(進学クラスも希望者は参加可能)「勉強合宿」(高1・高2)などを行い、より高い目標を目指します。

2年・3年・高校課程進級時に、本人の希望と学力適性により、「進学クラス」から「特進クラス」にステップアップすることもできます。

多彩なプログラムで生徒を細やかにサポート

２００４年に竣工した最先端の校舎を有効に使い学習を進める共栄学園。そこには、学力を高めるための様々な仕掛けが用意されています。

冷暖房完備で無線ＬＡＮとスクリーンが設置されている明るい普通教室では、英語・数学の習熟度別編成授業や、オリジナルテキストやプリント、パソコンや映像教材を多用した、わかりやすさを第一に考えた授業が行われています。たとえば数学は、検定教科書ではなく、「システム数学」シリーズを使用して、無理無駄のない先取り学習を行っています。

また、授業以外にも、生徒一人ひとりを細やかにサポートする、次のような様々なプログラムが用意されています。

①【共栄スペシャル・イングリッシュプログラム(Ｋ－ｓｅｐ)】

２泊３日の国内滞在型のイングリッシュキャンプ。約８名の生徒に１人、Ｎａｔｉｖｅ Ｓｔａｆｆが担任としてつき、自己紹介スピーチ、英語創作劇の発表、英語ゲームなど、普段の授業とは異なった切り口の盛りだくさんなプログラムで英語力を向上させます。

②【卒業生チューター制度】

生徒が「自分に合った勉強方法」を見つけられるよう様々な工夫がなされています。そして、学園の卒業生で難関大学現役大学生が、放課後、質問や学習相談にあたっています。卒業生だからこそわかる共栄学園での学びと大学進学のアドバイスを聞けるとともに、大学での生活など生の声を聞くことができるのも大きな魅力です。チューターミニ講演会も実施しています。

③【サテネット講座】

高1から大手予備校の衛星放送授業を受講できます。校内で自由な時間に受講できるため、予備校へ通う時間が省け、部活動などとの両立も可能です。

学校説明会など日程

■模擬入試体験会
11 月 16 日(日) 9:30〜
12 月 21 日(日) 9:30〜

■学校見学会
10月25日(土)〜12月20日(土)
期間中の土・日・祝10:00〜15:00
※14:30までにご来校ください。

■ジョイフルコンサート
12 月 23 日(祝)14:00〜
場所：かつしかシンフォニーヒルズ

詳しくは HP または問い合わせください。

活力あふれる進学校

【6ヶ年一貫教育の流れ】

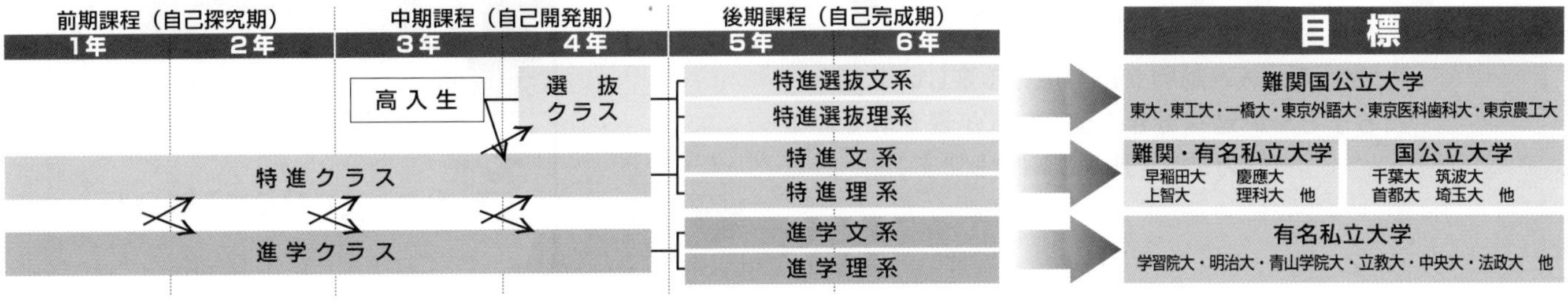

前期課程（自己探究期）
1年
2年
中期課程（自己開発期）
3年
4年
後期課程（自己完成期）
5年
6年
高入生
選抜クラス
特進クラス
進学クラス
特進選抜文系
特進選抜理系
特進文系
特進理系
進学文系
進学理系
目標
難関国公立大学
東大・東工大・一橋大・東京外語大・東京医科歯科大・東京農工大
難関・有名私立大学
早稲田大　慶應大
上智大　理科大　他
国公立大学
千葉大　筑波大
首都大　埼玉大　他
有名私立大学
学習院大・明治大・青山学院大・立教大・中央大・法政大　他

④［海外研修］

希望者を対象に、夏休みに約20日間、カナダにある語学学校で各国から集まった生徒たちと英語全般を学びます。滞在中は、ホームステイ、バンクーバー市内などの見学を通じて文化や生活を体験し、国際人としての素地を育みます。

この他、勉強合宿（高1・高2）や、TUK（東大うかろう会）というサークルでは、学校にある合宿施設（合宿所・風呂・シャワー室）を利用して、週末や長期休暇中に集中して学習を深めています。また、現役東大生を講師とする個別受験指導（高3希望者から選抜）の「共栄&綠鉄」プロジェクトなどもあり、「もっと学びたい」という意欲のある生徒に応えられる場も用意されています。

また、月1回の「講演会」を実施しています。大学教授による最先端の研究の話から演奏会など内容は多種多彩。普段の授業とは違う、本物を見て、聞いて、大きな刺激を受けています。

27年度入試も〝受験生のために〟

共栄学園中高では、〝受験生のために〟を合い言葉に、入試を実施しています。

①［全日程特進入試実施］

特進のニーズの高さに対応するため、全日程で特進入試を実施しています。

②［新設チャレンジ入試］

第4回をチャレンジ入試として進学クラス等の合格権利を残しながら特進クラスや特待生等の高いレベルにチャレンジできます。

また、公立中高一貫校受検者にも対応した適性検査入試も実施。

③［第4回2月7日実施］

共栄学園ではたくさんのチャンスを得られますよう2月7日に実施します。

④［スライド合格］

特進コースで受験した場合、得点により進学コースへのスライド合格することも出来ます。

⑤［複数回受験を応援］

第1回入試を受験し、第2回特進・特待入試を受験した場合は5点を加点。さらに第3回の特進・特待入試を受験の場合＋5点（合計10点）、そして第4回を受験した場合＋5点（合計15点）の加点です。つまり、最後まで頑張れば特進コースも見えてくるはずです。

平成27年度入試日程

試験名	第1回 一般入試	第2回 特進・特待入試①	第3回 特進・特待入試②	第4回 チャレンジ入試
入試日程	2月1日（日） AM 9:00〜	2月1日（日） PM 14:00〜	2月2日（月） AM 9:00〜	2月7日（土） AM 9:00〜
募集人員	特進：男女15名 進学：男女45名	特進：男女25名	特進：男女15名	特進：男女10名 進学：男女10名
入試科目	2科・面接	2科・4科の選択 面接	2科・4科の選択 面接	2科または適性検査 面接
窓口出願	試験開始の30分前まで受け付けます。			
受験料	受験料2万円で複数回受験が可能（回数に関わらず同一料金）。			

※複数回受験は加点制度あり。面接は最初の受験日のみ。
※特進クラスから進学クラスへのスライド合格があります。
※「特待・特進入試」において成績上位者から、最高6年間の特待生に認定します。
　また、第1回・第4回入試では、入学特待・1ヶ年特待を認定します。
※2科（国語・算数）、4科（国語・算数・理科・社会）

スーパー6ヶ年学力特待生制度

共栄学園中学校は、「特待・特進入試」を実施し、学力に応じて最高6年間の学力特待生の認定を行います。6年間の特待制度を導入している学校はまだ数校です。6年間という長い間には、様々な変化が起こることが想定できます。しかし、共栄学園は、このスーパー6ヶ年学力特待制度を中心に真の6ヶ年教育をしていきたいと考えています。ハード面、ソフト面ともに充実し、また前述のように6ヶ年一貫コースの教育体制が着実に実を結んできている「自信」と「覚悟」の形といえます。

進化し続ける共栄学園中高6ヶ年一貫コースに注目して下さい。

共栄学園
中学高等学校

▶京成本線「お花茶屋駅」徒歩3分
▶東京メトロ千代田線・JR常磐線「亀有駅」
　よりバス10分「共栄学園」下車徒歩1分

〒124-0003 東京都葛飾区お花茶屋2-6-1
TEL 03（3601）7136
0120-713601
URL http://www.kyoei-g.ed.jp

大人も子どもも

本からマナブ

お医者さんと動物が繰り広げる楽しいお話と、お子さんが勉強好きになる方法が書かれている魅力的な1冊をご紹介します。

BOOKS COLLECTION 47

動物と話ができる お医者さんの物語

子ども向け

ドリトル先生

ヒュー・ロフティング 著
小林 みき 訳
ポプラ社
570円+税

みなさんは動物と話ができたらいいなと考えたことはありませんか。この本の主人公ドリトル先生は、動物の言葉が分かるお医者さんです。

ドリトル先生は、初めは人間のお医者さんでした。ところが、動物が大好きで様々な動物を飼っていたところ、動物の数が多くなりすぎて人間の患者さんが来なくなってしまいました。

そんなある日、ドリトル先生は飼っていたオウムに鳥の言葉を教えてもらいました。そのうち鳥だけではなくほかの動物の言葉も分かるようになったドリトル先生は、動物のお医者さんになりました。患者である動物たちから直接どのように具合が悪いのかを聞くことができるので、どの動物もみんなすぐに元気になりました。動物たちの間で腕のいいお医者さんとして有名になったドリトル先生。そんな先生といろいろな動物たちとの愉快な交流が描かれています。

このお話は今から約100年も前に書かれたものですが、現在も世界中の多くの人に読まれ、愛されています。みなさんもドリトル先生と動物たちの楽しいお話を読んでみましょう。

子どもが自然に勉強してしまう育て方の秘訣を公開

大人向け

子どもが勉強好きになる子育て

篠原 菊紀 著
フォレスト出版
900円＋税

多くの保護者のみなさんにとって、心惹かれるタイトルではないでしょうか。受験生なのに全然勉強しない、もっと勉強してほしい、などの悩みを持っている方も多いと思います。本書では、どのようにしたら子どもが「自然に勉強してしまう」ようになるのかを説いています。

著者は脳科学、応用健康科学を専攻する学者であり、2009年に『勉強にハマる脳の作り方』という本を出版してベストセラーになりました。

本書では最新の研究に基づく知見を用いて分かりやすく脳の働きや仕組みを説明しつつ、勉強したくなる子どもに育てる具体的な方法論を展開しています。

本書の特徴は、親がするべきことがらを45のレッスンで具体的にしめしていることです。つまり、たんに本を読むだけではなく、著者が勧める方法を読者が実際に家庭で実践できるように構成されているのです。

「わが子がゲームみたいに勉強に夢中になる！」や「わが子が勉強せずにはいられなくなる！」、「わが子の『集中力』『やる気』をアップさせる！」など、ついついページをめくってしまうような章が並んでいます。

著者の強調したいポイントは太字でしめされ、専門用語の使用は最小限に抑えられた分かりやすい内容です。

対象となるお子さんの年齢は0～18歳までとなっています。これから中学受験・高校受験を経験し、志望校合格という目標の達成を目指すお子さんをお持ちの方は、ぜひ一度手にとってみてはいかがでしょう。

中学1年生から

世界のリーダーを目指して多彩な国際教育を展開

春日部共栄中学校

教育理念「この国で、世界のリーダーを育てたい」を掲げ、最高レベルの学力はもとより、これからの世界のトップに立って活躍しうる目的意識と、素養と、対案力と、そしてなによりも人間力を兼ね備えた新しいタイプのリーダーの養成を目指す春日部共栄中学校・高等学校。今年卒業の第6期生（120名）からは、国立大医学部や「早慶上理」をはじめとする難関大へ多数の現役合格者を輩出しました。そんな春日部共栄では、中学1年次より様々な国際教育を展開しています。

平成26年度よりグローバルエリートクラス新設

優秀な大学進学実績を残す春日部共栄高等学校のもとに開校した、春日部共栄中学校。早いもので、今春、第6期生120名が高校を卒業しました。

卒業生のうち27名が、群馬大医学部や東京外語大、筑波大、千葉大などの国公立大に合格。まさに、春日部共栄の中高一貫教育の優秀さが実証された結果といってよいでしょう。

そんな春日部共栄中学校では、これからの世界を導くリーダーの育成を目標とするグローバルエリート（GE）クラスと文武両道の国際派を育成するグローバルスタンダード（GS）クラスを設置。新しい時代に求められる中高一貫教育を追求します。

同校の学習指導は、ムダを省き、有機的に再構築した独自のカリキュラムによって進められ、6年次を大学受験準備にあてることを可能にしています。また、5年次で志望別に理系と文系に分かれますが、基本5教科はセンター試験に対応した指導を展開するとともに、海外名門大への進学に対応しているのも、春日部共栄らしさの現れです。

シャドーイング重視国際標準の英語力を

「世界のリーダー」を目指すには、しっかりした英語力が不可欠です。毎朝授業

SCHOOL TOPICS

前の朝学習では、リスニングの力を養います。さらに、単語速習から暗唱コンテスト、スピーチコンテスト、英文法、英作文指導へと発展的に実力を磨きます。

また、海外の大学進学も視野に入れ、受験英語の読解力や文法知識の理解と習得、さらにはコミュニケーションの手段として英語を使いこなせるようプレゼンテーション能力に磨きをかけています。そのほか海外の書物を多読することで英語圏の文化的背景までを身につけます。高度な留学英語検定にも挑戦、海外の大学でも通用する英語力を培います。

中学1年次から英語漬けになれるプログラムがたくさん

世界のリーダーを目指す国際学習の機会は、こうした授業以外にもたくさん用意されています。

中1では夏休みに3日間の校内イングリッシュサマーキャンプを体験することができます。様々なバックグラウンドを持つ外国人講師のもとで、生徒は10人程度のグループに分かれ、英語を話す、書く、といったアウトプットをひたすら繰り返します。まさに英語漬けの3日間といっていいでしょう。

中3次には春日部共栄独自のプログラムK-SEP（Kyoei Summer English Program）があります。英語圏の大学生を10人程度招き、彼らを先生として多様なプログラムをこなしていきます。ここでも生徒たちはグループに分かれて各先生につき、最終日の英語によるプレゼンテーションを目標に、協力しあいながら異文化理解に努めます。そして、中3の夏休みにはカナダ語学研修が行われます。

現地での生活をエンジョイしながら英語力の修得、向上に邁進します。カナダは多民族国家でもあり、英語の勉強だけではなく、異文化理解にも最適な国です。

こうした体験型の国際教育は高校にもつながっていきます。高1・高2ではアメリカのボストンにある大学で他国から来た同年代の生徒たちと英語力やコミュニケーション力を高め合うことができるボストン・グローバル人材育成プログラムが、そして高2の修学旅行では1週間にわたってシンガポールとマレーシアを訪れます。これまで磨いてきた英語力を存分に試すチャンスがあるのです。

このように、日ごろの学習と春日部共栄でしか経験できない体験型プログラムをとおして、将来世界で活躍できるリーダーを育てている春日部共栄中学校です。

＼School Data.／

春日部共栄中学校

埼玉県春日部市上大増新田213
東武スカイツリーライン・アーバンパークライン「春日部駅」バス10分

生徒数 男子219名 女子157名

☎ 048-737-7611

学力を伸ばしてくれる学校を大学合格率の観点で探したら

入学時の偏差値10ポイント差を大学合格率で追いつく学校

筆者のところでどなたでも見ていただける資料としてHP（ホームページ）に中学受験統計を毎年出していますが、近々お出しする資料として、小社コンサルタントの小泉壮一郎氏が作成した「学力を伸ばしてくれる学校」というものがあります。今回はこの資料を見ながら、学校選びに役立つ情報のひとつをお伝えしたいと思います。

標準的な学力層にとって、特に東京圏ではG―MARCHすなわち、学習院大、明治大、青山学院大、立教大、中央大、法政大など有名私大への進学は一番身近な目標としてあると思います。ここではそのルートとして通常の各大学附属ではなく、進学校ルート、しかも、意外にお得なルートをご紹介します。

そのために、例えば今春、卒業生対比60％もG―MARCHに合格するルートなら、その標準的な中学受験の偏差値は54（首都圏模試）くらい必要です。ですが、その首都圏模試偏差値54、四谷大塚ではおそらく49くらいに達していない、偏差値にして10ポイントくらい下でも同じパフォーマンスを出せる学校はないものでしょうか。そのような観点、つまり通常の合格確率ではのぞめない、抜きんでて高い合格率をしめす学校はないか、と。

これがあるのですね。先のG―MARCHの卒業生対比60％のパフォーマンスを、標準的なケースでは54の偏差値の学校になりますが、これを偏差値40（入学当時―6年前）で叩き出しているのが、多摩大目黒です。したがって、54に対する40ですから偏差値14ポイントも上の学校と同じ結果を出している点で、まさに「学力を伸ばす」学校と言えましょう。このように10ポイント以上のパフォーマンスの学校を【表1】にしめします（男・女で違います）。

実は合格者数はのべの数ですし、男女別では発表されません。

したがって、そのうちの実人数も分かりませんが、それらをふまえてご判断ください。また、偏差値も、6年前の中学入試の結果偏差値で、来春の予想偏差値とは違います。よい実績を出し続けている学校だと偏差値が今は高くなっているケースもあるでしょうから、そこは注意してください。

また、10ポイント以上高い学校の合格実績と同じであるほどでなくとも、5ポイントも上の学校と同じでも十分価値がありますから、そこは、この表の新しいものをHPでご覧ください。

例えば9・4ポイントに中村があり、8・6ポイントに桜丘があり、8・4

中学受験WATCHING

NAVIGATOR
森上 展安
もりがみ・のぶやす
森上教育研究所所長。
受験をキーワードに幅広く教育問題をあつかう。
保護者と受験のかかわりをサポートすべく「親のスキル研究会」主宰。
近著に『入りやすくてお得な学校』『中学受験図鑑』などがある。

ポイントに聖徳学園、7・9ポイントに東京女子学園（以上、女子偏差値）。あるいは、7・1ポイントに郁文館、7・0ポイントにかえつ有明、6・8ポイントに東洋大京北（以上、男子偏差値）などの名がみえます。

　ではこれを、もう1段高い早慶上智の合格実績で見てみましょう【表2】。さすがに早慶上智実績で10ポイント以上のパフォーマンス校は少なくなります。しかし、5ポイント以上で探すと、男子で11校、女子では18校もあります。目立つところでは実践女子学園は7・1ポイントで、卒業生対比45・1%もの合格率を叩き出しています。富士見も6・2ポイントで40・3%です。東京純心女子は5・3ポイントで24・5%です。素晴らしいですね。これを男子偏差値でみると高輪が5・0ポイントで54・3%、成城学園は4・1ポイント、29・2%でよく健闘しています。

　最後に、難関中の難関である東京大・京都大・一橋大・東京工大の合格実績でもおさえておきましょう。ほぼ男子校が中心になりますし、5ポイント以上でも数校しかありません【表3】。共学校の場合男女別で発表されないので、あくまでもそこは仮定です。東京大を含めてこれらの大学は、ほとんど男子校に近いので、男子データが実情を反映しているはずですが、女子校は女子しかいませんので、横浜共立は正しいデータですね。

　これらの意味しているところは、中高で伸びる、あるいは伸ばす余地がある、ということです。

【表1】G―MARCH進学実績高パフォーマンス校

校名	女子実績	男子実績
多摩大学目黒	14.2(60.8)	12.5(60.8)
東京都市大学等々力	13.9(51.6)	13.3(51.6)
淑徳巣鴨	13.1(53.2)	12.5(53.2)
浦和ルーテル学院	12.6(33.3)	11.9(33.3)
佼成学園女子	11.3(32.0)	—
聖学院	—	11.0(44.0)
千葉国際	10.7(26.0)	10.1(26.0)

【表2】早慶上智進学実績高パフォーマンス校

校名	女子実績	男子実績
聖ドミニコ学園	12.2(24.3)	—
かえつ有明	10.5(25.2)	12.8(25.2)
広尾学園	10.6(22.6)	11.0(22.6)
世田谷学園	—	10.9(23.6)

【表3】東大・京大・一橋・東工大実績高パフォーマンス校

校名	女子実績	男子実績
世田谷学園	—	5.9(10.5)
攻玉社	—	5.8(16.0)
帝京大学	7.4(7.9)	5.7(7.9)
桐蔭学園	—	5.5(12.1)
桜修館(都立)	6.5(5.3)	—
横浜共立	6.5(5.3)	—
立川国際(都立)	5.1(4.9)	—
小石川(都立)	5.0(4.0)	—

（　）内は卒業生対比率(%)

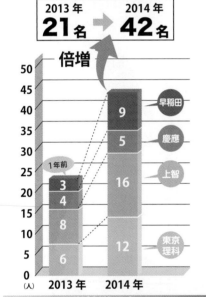

EMK **EXPERIENCE / MORALITY / KNOWLEDGE**

扉を開けよう！

穎明館中学高等学校では、教育内容・教育環境をより深くご理解いただくために、
学校説明会を実施しています。
どうぞこの機会に穎明館を体感してください。

■ 学校説明会　④11/10(月) 10:00~
⑤12/ 6 (土) 10:00~
⑥ 2/21(土) 10:00~
■ 中学入試報告
■ 次年度受験用アドバイス

● 学校所在地：193-0944　東京都八王子市館町2600　TEL. 042-664-6000　FAX.042-666-1101
● アクセス：JR中央線・京王高尾線「高尾」駅・南口−京王バス約15分（直行便約10分）
：JR横浜線・京王相模原線「橋本」駅・北口−スクールバス約25分
● HPアドレス：http://www.emk.ac.jp

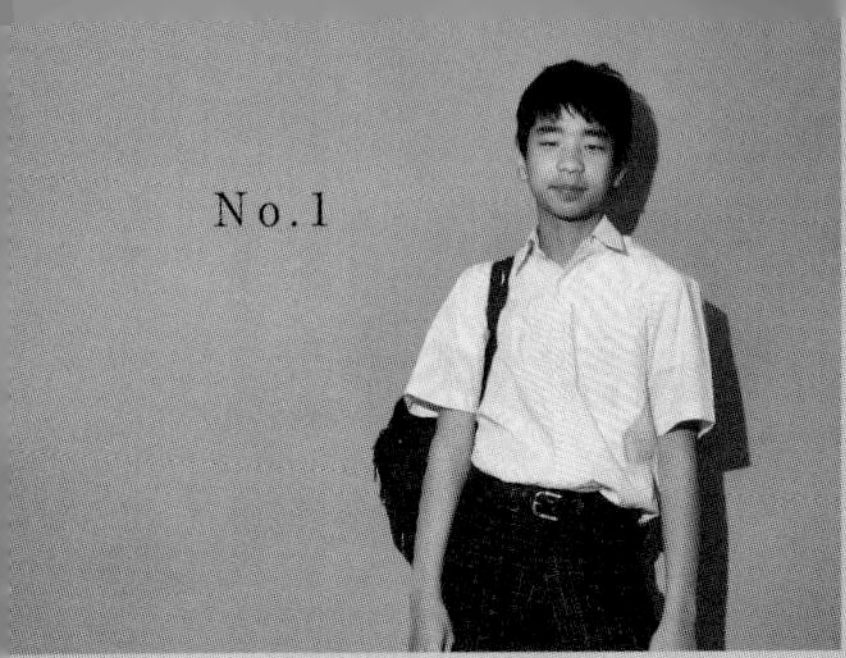
No.1

一生安定

不言実行

あきらめない！！
自業自得
強く願えば、夢は叶う

Wings and Compass

未来へ翔く翼とコンパス

塵も積もれば山となる

入試説明会

全ての説明会で、「教育方針」「教育内容」「入試」に関する説明を行います。

11/16（日） 10:00～12:00	12/13（土） 14:00～16:00	1/17（土） 14:00～16:00
部活顧問紹介 給食試食	桜丘生の声	出願直前 最終説明会

入試直前対策会

1/4（日） 13:00～16:00
各教科からの傾向と対策の解説

・全て予約制です。
本校Web http://www.sakuragaoka.ac.jpよりお申し込みください。
・上履きは必要ありません。また車での来校はご遠慮ください。
・上記以外でも、事前にご連絡をいただければ学校見学が可能です。

桜丘中学校

〒114-8554 東京都北区滝野川1-51-12 tel：03-3910-6161
http://www.sakuragaoka.ac.jp/
mail：info@sakuragaoka.ac.jp
@sakuragaokajshs
http://www.facebook.com/sakuragaokajshs

・JR京浜東北線・東京メトロ南北線「王子」駅下車徒歩7～8分
・都営地下鉄三田線「西巣鴨」駅下車徒歩8分
・都電荒川線「滝野川一丁目」駅下車徒歩2分
・「池袋」駅から都バス10分「滝野川二丁目」下車徒歩2分
・北区コミュニティバス「飛鳥山公園」下車徒歩5分

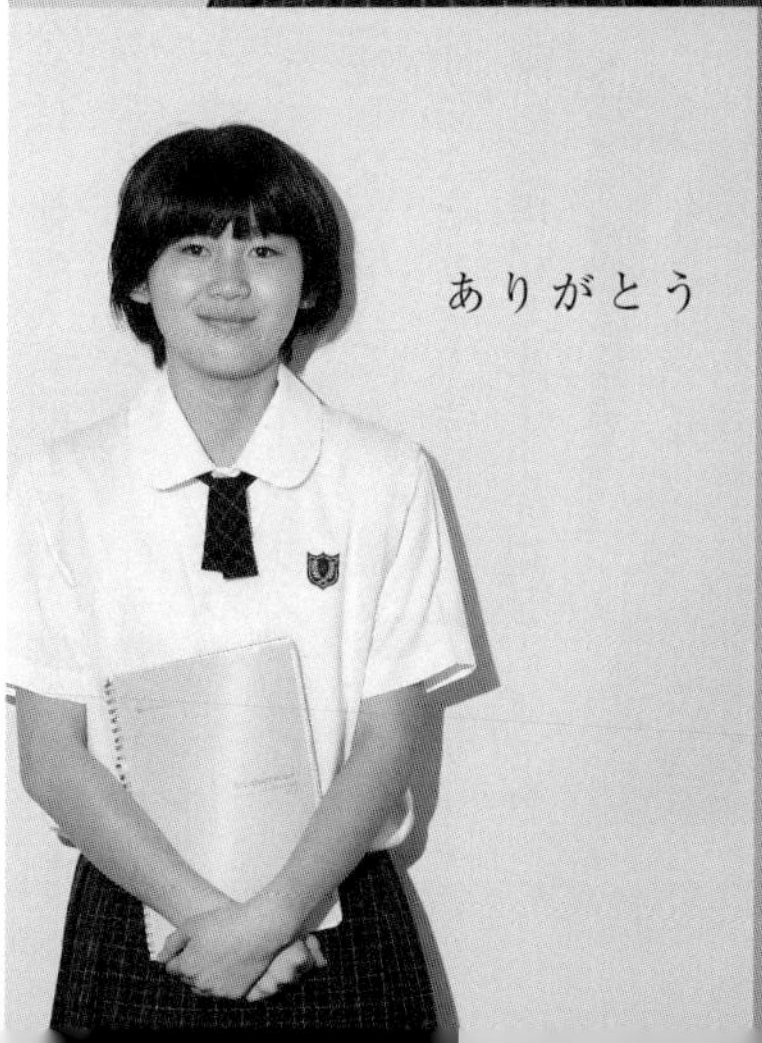
ありがとう

平和

開智の入試！

様々な個性を求める4回の入試

今年、東大・京大・国公立医学部に現役で計14名（中高一貫部の卒業生207名中）の合格を出すなど、開智中学・高等学校は優れた大学進学実績や教育実践で注目されています。今回はその開智の特徴ある入試について紹介したいと思います。

先端創造クラスと一貫クラス

開智には、先端クラスと一貫クラスという2つのコースがありますが、先端クラスとは、新しい学びの創造を目指して、5年前に設置されたクラスです。既存の学びに加えて、自ら学ぶ姿勢を最大限に生かせるような、学びあいや協働型学習といった先端的な授業が展開されています。一貫クラスは、既存の学びのよりいっそうの充実を目指し、現実社会を見据えた知識や考え方を着実に積み上げ、高度な応用力を養う授業が展開されています。現在先端1期生が高校3年生なので、来年度の大学入試では、今までの一貫クラスでの合格実績に、さらに先端クラスが上積みされるものと期待されています。

各回の入試の特徴

開智では、先端A、第1回、第2回、先端B（実施順）と、問題などの傾向や難易度の違う合計4回の入試を実施しています。先端A、先端B入試は主に先端クラスの募集を行い、第1回、第2回入試は一貫クラスの募集を行う入試で、それぞれの入試の特徴は次のようになっています。

・先端A入試…思考力が問われる最先端入試

1月10日（土）に実施される先端A入試は、深い思考力を問うような問題や、比較的長い文章を解く力が求められる記述問題など、質の高い問題が多く出題され、都内の御三家など、最難関校併願者向けのレベルとなっています。合格者のうち、半分以上が特待生となります。

・第1回入試…先端Aとのセットが合格への近道！

1月11日（日）に実施される第1回入試は、都内難関上位校併願者向けの問題レベルとなっています。また、先端A入試で健闘はしたものの、惜しくも合格点に達しない場合、第1回を受験すれば、先端Aでの点数を参考にして合格者を発表するという優遇措置を実施します。先端Aとセットで受験することで、より開智への合格の可能性が広がります。

・第2回入試…第一志望の生徒に適した入試

1月12日（月）に実施される第2回入試は、記述問題がやや少なめで、問題の難易度としては標準的なものとなっています。開智を第一志望と位置づける受験生には一番適した入試といえます。

・先端B入試…「開智に絶対合格！」の常道

1月23日（金）に実施され、先端クラスの募集を行う先端B入試は、都内難関上位校併願者向けの問題レベルで、先端A入試よりも取り組みやすい問題が多く出されます。なお、最終回となる先端B入試は、他の入試回とは違う特徴的な合否判定も行っています。①先端クラスだけでなく、一貫クラスへのスライド合格判定も行います…先端クラスへの合格点に達しない場合でも、一貫クラスへは合格することがあります。②他の回の入試結果も参考にします…先端B入試で合

格点に達していなくても、その他の回を受験し、基準点に達していれば、合格となります。

溜剛校長は「開智に合格したいという受験生は、この先端B入試をぜひ受験してください。例年繰り上げ合格者もこの入試から出しています。また、先端A入試も、受験することでその後の合格のチャンスが広がるのでおすすめです」と言っています。

最難関併願校としても最適な開智の入試

開智の入試には毎年多くの受験生が受験していますが、開智を第一志望としている受験生の他に、他校との併願者も多く受験しています。これは、開智の入試が、併願者にも様々なメリットがあるためです。そこで、次に他校との併願者にとっても受験しやすい点を紹介します。

1．入学手続きは2月10日まで

開智中学の入試では、どの回で合格した場合でも、予納金（入学金など）を納入する必要はなく、2月10日が入学手続きの締め切り日となっています。

2．入学金が不要

開智は入学する場合でも入学金が不要です。入学手続きの際には、授業料に充当する納入金が必要ですが、これも、3月31日までに入学を辞退した場合には全額が返金されるので、併願校として経済的にも安心して受験することができます。また、初年度納入金は63万8000円と首都圏の私立中学で4番目の低さとなっています。

3．受験料への配慮

受験料については、2万円で3回まで受験することができ、2万5000円で4回すべてを受験することができます。さらに、姉妹校である開智未来中学校（1月10、11、12日は、午後に開智中学校およびさいたま新都心でも入試を実施）や開智日本橋学園中学校（2月1、2、3、4日に5回入試を実施。来年度より共学化）へ出願する場合、合計の受験料は3万円で、三校合わせて13回の入試を受けることができます。開智を受験することにより、基本的な問題からハイレベルな問題まで、様々な入試問題に触れることができます。

4．得点通知により実力をチェック

どの回の入試でも、申込み時に希望すれば、得点と、受験者の中でのおおよその位置を知ることができます。これによって、受験生のその時点での学習内容の到達度や弱点を確認することができます。

5．アクセスの良い受験会場

4回の受験のうち、先端A、第1回、第2回の3回は開智中学校の他にさいたま新都心でも入試を行います。埼玉県内だけでなく、県外からも受験しやすくなっています。

6．外部進学制度

入試とは直接関係はありませんが、開智には高校への外部進学制度があります。これは、中学3年次に、開成高校や筑波大附属、早慶系列校など、指定された高校を受験し、もし不合格であった場合でも開智高校中高一貫部に進学できる制度です。

先端1期生が来春卒業

開智では、様々な個性を持った受験生が入学できるようにしたいという考えから、このように問題の傾向や難易度の違う入試を行っています。近年は先端クラスを中心に、その教育実践が評価され、人気も高まってきています。5年前に始まった先端クラスの生徒たちは現在高校3年生となり、日々受験勉強に集中して取り組んでいます。個性あふれる先端クラスの生徒たちの大学入試結果に注目が集まるところです。

KAICHI

開智中学・高等学校

中高一貫部（共学）

〒339-0004

さいたま市岩槻区徳力西186

TEL 048−795−0777

http://www.kaichigakuen.ed.jp/

東武野田線東岩槻駅（大宮より15分）徒歩15分

■学校説明会・行事日程

	日程	時間	バス運行（東岩槻駅北口より）
学校説明会	11/15(土)	10:00～11:30	往路 9:15～10:15 復路 11:40～12:40
入試問題説明会	12/6(土)	14:00～15:30 (入試問題説明) 15:30～16:10 (教育内容説明)	往路 13:00～14:15 復路 15:20～16:50

※すべての説明会、行事に予約は必要ありません。なるべく上履きをご持参ください。

■入試日程

	日程	会場		集合時間	合格発表
先端A	1/10(土)	本校	さいたま新都心	午前8時30分	試験当日　午後10時（インターネット） ＊掲示は試験翌日の午前10時～午後8時
第1回	1/11(日)	本校	さいたま新都心		
第2回	1/12(月)	本校	さいたま新都心		
先端B	1/23(金)	本校			

NEWS2014

デング熱

海外への渡航歴がないのに、熱帯病の感染症であるデング熱にかかった患者が、８月に日本で69年ぶりに発見されました。その後、患者は増え続け、９月末現在で18都道府県、150人以上がデング熱の症状にかかりました。

デング熱はデングウイルスが引き起こす感染症。カ（蚊）の一種であるシマカの仲間が媒介《ばいかい》して感染するといわれ、カが感染者の血を吸って体内でウイルスを増やし、他人の血を吸う時にうつします。高熱、頭痛、筋肉痛、関節痛などを起こし、はしかに似た皮膚の発疹も出ます。潜伏期間は３～14日とばらつきがあり、多くは数日で症状が治まり、その後は疲労感が続くものの、快癒します。

熱帯を中心とした世界の110カ国以上で、毎年、5000万人から１億人が感染する風土病です。ただ、感染しても８割の人は症状が出ないといわれています。

カが媒介する伝染病にはデング熱のほかにマラリア、日本脳炎、黄熱病などがあります。

デング熱を媒介するとされているヒトスジシマカ

日本に生息するヒトスジシマカもデングウイルスを媒介することができます。

デング熱は、患者（発症した人）のうち５％前後は重症化し、時には出血性ショックを起こして死にいたることもある怖い病気です。事実、世界では毎年、１万2000人～２万5000人が死亡しています。

デング熱は人から人への感染はしません。今回の感染ルートは特定されていませんが、発症した患者は、いずれも最近、海外に行った経験がないことから、海外でデング熱の患者の血を吸って、ウイルスを保有したカに刺された日本人が、ウイルスの保有者となって帰国し、その人を刺したカが、別の人を刺して、その人が発症し、それが連鎖的に患者を増やしたのではないかと考えられています。

デング熱は第二次世界大戦後、南方（熱帯、亜熱帯）から日本に復員（帰国）した将兵のなかに患者がいて、それが、日本にもいるヒトスジシマカによって、大流行したことがあります。この時の患者数はざっと20万人といわれています。しかし、その後は一部の海外からの帰国者に症状がみられた程度でしたが、今回は、海外渡航歴がない人から多くの患者が出たことで、大きなニュースになりました。

最初に見つかった患者が東京・代々木の代々木公園でカに刺されていたことが判明したこともあって、代々木公園が、一時閉鎖されるといったものものしい事態にもなりました。

デング熱は、カを媒介にしますから、これから冬に向かうことで、流行は抑えられると考えられます。しかし、ワクチンはまだ開発されていません。このため、厚生労働省をはじめ、患者の出た自治体などでは、カの駆除を行うとともに、カに刺されないように注意を呼びかけるなどの対策を講じています。

今後、熱帯などの海外に行く際には、長袖シャツを着用したり、虫除けスプレーを用意するなどした方がよいでしょう。

入試問題ならこう出題される　入試によく出る時事ワード

基本問題

2014年夏、海外への渡航歴がないのに、熱帯病の感染症である［①　　　］にかかった患者が、日本で［②　　　］年ぶりに発見されました。

デング熱は人から人へは感染せず、［③　　］の一種であるシマカの仲間が媒介して感染するといわれ、高熱、頭痛、筋肉痛、関節痛などを起こし、はしかに似た皮膚の発疹も出ます。

［③　　］が媒介する伝染病には［①　　　］のほかに、［④　　　］、［⑤　　　］、［⑥　　　］などがあります。

［①　　　］のワクチンは、まだ開発されていないため、その予防には［③　　］の駆除をするなどして、刺されないようにするしかありません。

発展問題

日本国内では、毎年デング熱を発病する患者がいます。2014年夏に発症が相次いだデング熱が問題となりましたが、毎年のデング熱とは何が違っていたのでしょうか。150字以内で説明しなさい。

基本問題　解答

①デング熱　②69　③カ（蚊）④⑤⑥マラリア、日本脳炎、黄熱病　のいずれか

発展問題　解答（例）

これまで国内で発症したデング熱の患者は、いずれも海外でデング熱にかかった人たちでした。2014年のデング熱の流行は、海外渡航歴がない人が発症して大きな問題になりました。海外でデング熱にかかった人が、ウイルスを保有して帰国し、その人を刺したカが、別の人を刺して発症させ患者を増やしたと考えられています。(150字)

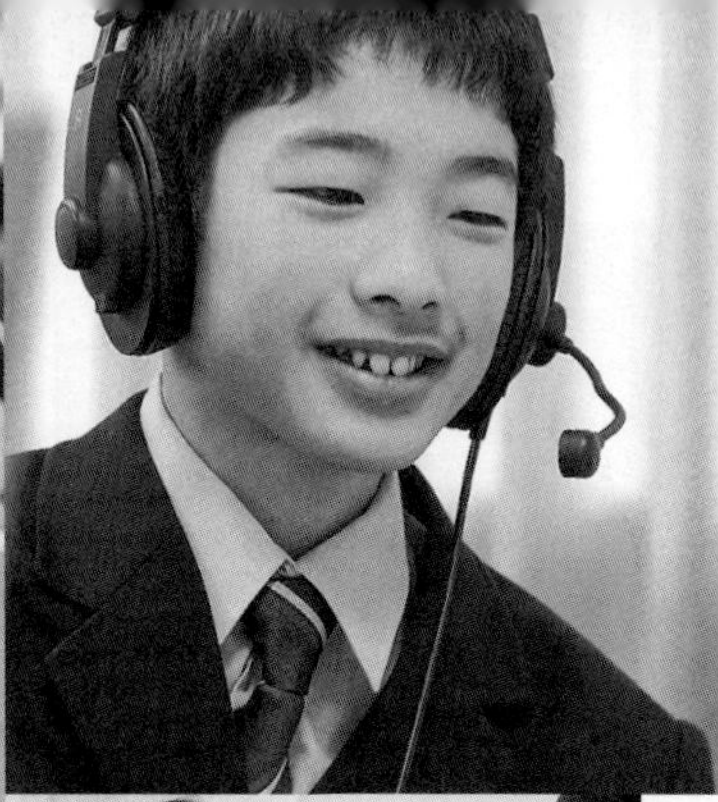

田園調布学園中等部・高等部

3つの特色

1

真の学力育成

～アクティブ・ラーニングの実践～

生徒自ら考え、表現するアクティブ・ラーニングを取り入れ、生徒の主体的な問題発見・解決能力を養う授業を展開しています。
また、全教室に設置された電子黒板等ICT機器を積極的に活用し、生徒の興味・関心を引き出して学ぶことの楽しさを体験させます。

2

教養

～キャリア教育の一環として～

年間12回の土曜日に、「生きるための真の教養を養う」ことを目標とするプログラムを設定しています。生徒は自身の関心に合わせて160以上の講座から選択します。
多くの分野の専門的な知識に触れ、広い視野を身につけることができ、自らの将来を考える機会ともなっています。

3

他と調和を図れる人間性

～「国際人」を目指して～

6ヵ年の体験を重視した教育活動を通して、生徒の思考の対象は自己から他者、そして社会へと拡大していきます。
語学力を伸ばすことはもちろん、その先にある真の「国際人」として、グローバル化する社会で必要不可欠な力を養います。

http://www.chofu.ed.jp

〒158-8512 東京都世田谷区東玉川2-21-8 Tel.03-3727-6121 Fax.03-3727-2984
＊東急東横線・目黒線「田園調布」駅下車 〉〉 徒歩8分 ＊東急池上線「雪が谷大塚」駅下車 〉〉 徒歩10分

学校説明会日程

10月29日(水) 19:30～ (予約制)
12月 6 日(土) 10:00～ ＊6年生対象
12月12日(金) 19:30～ ＊6年生対象(予約制)

公開行事

定期音楽会 1 月21日(水)12:30～16:00
横浜みなとみらいホール
生徒演奏 12:30 ～ 14:30
鑑賞教室 15:00 ～ 16:00

中等部入試概要

	第1回	第2回	第3回	海外帰国子女
試験日	2月1日(日)	2月3日(火)	2月4日(水)	12月20日(土)
募集定員	100名	80名	20名	若干名
試験科目	4科(国語・算数・理科・社会) 面接			2科(国語・算数) 面接

＊予定は変更となることもありますので詳細はＨＰにてご確認下さい。

ジュクゴンザウルスに挑戦！

「熟語のことならなんでも知ってるぞ」っていうジュクゴンザウルスが、「このパズル解けるかな」っていばっているぞ。さあ、みんなで挑戦してみよう。

〈答えは91ページ〉

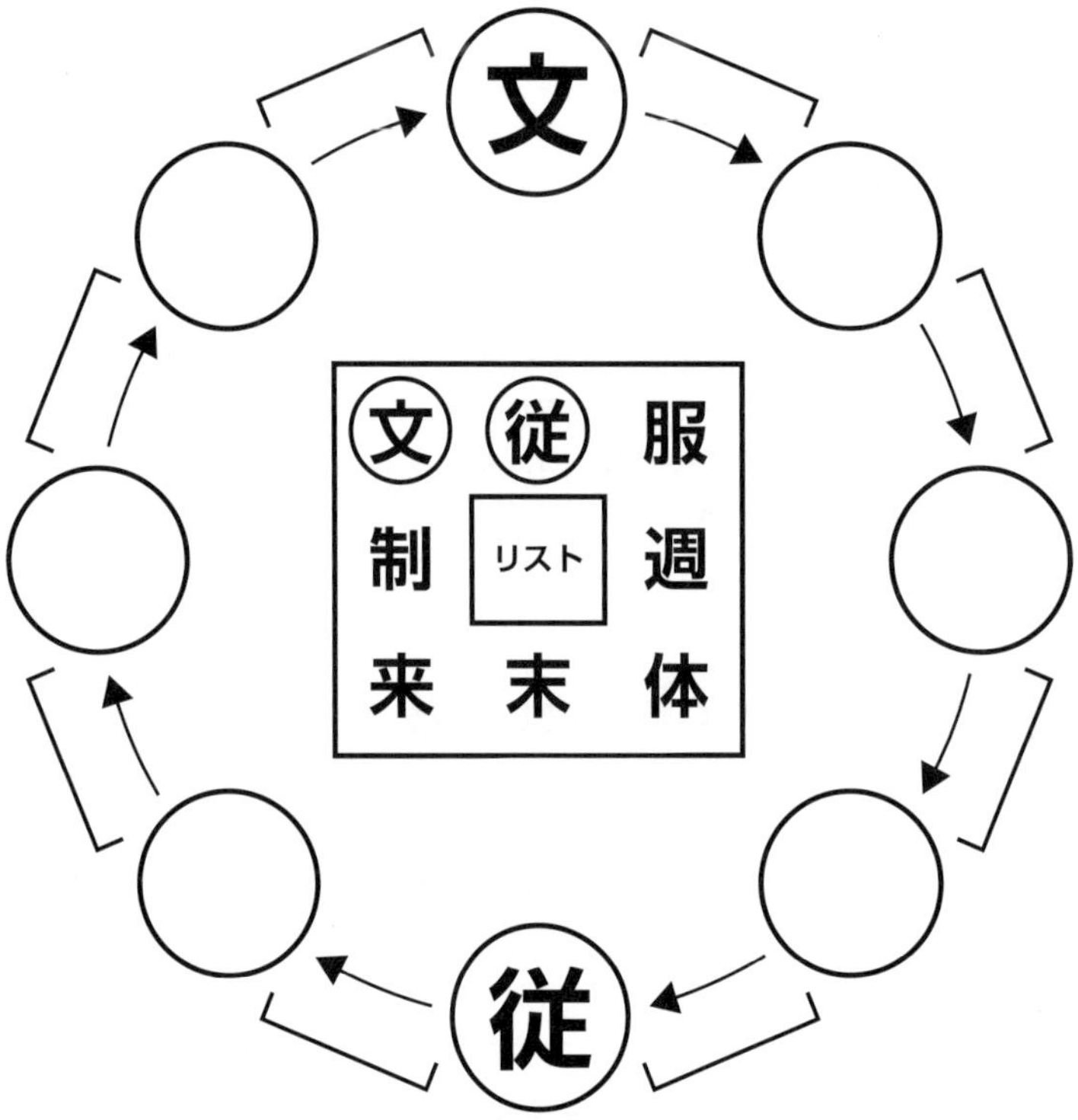

【問題】

左の輪は、二字熟語８つで、時計回りに「しりとり」ができるようになっています。中央の漢字リストから残りの６文字を選んで丸のなかに書き込み、輪を完成させましょう。

注目の1校!!

浦和実業学園中学校

英語イマージョン教育で優秀な大学進学実績

「実学に勤め徳を養う」を校訓に、実学・徳育教育を行ってきた県内屈指の伝統校、浦和実業学園高校を母体に誕生した浦和実業学園中学校。「すべての生徒に価値ある教育を」をモットーにユニークな「英語イマージョン教育」を実践しています。培われた英語コミュニケーション力により、毎年、文系・理系を問わず、優秀な大学合格実績を残しています。

第4期生、現役で東京外大、ＩＣＵ、東北大に合格！

今春、中高一貫部4期生が卒業しました。在籍66名ながら、東京外大、東北大をはじめとした国公立大に16名、早稲田大、慶應大、ＩＣＵ、東京理科大、ＧＭＡＲＣＨに合計48名と、文系・理系を問わずかなり優秀な実績を残しています。

教育の特色「三本の柱」

こうした結果を出せるのは、中学から培った英語コミュニケーション能力をはじめ、浦和実業学園で養われる力が武器になっている証拠です。

①「ふりそそぐ英語のシャワー」

「体育・音楽・技術家庭・美術」の授業を、日本人とネイティブのチームティーチングにより英語で実施。また、1、2年生の各クラスには日本人の担任とネイティブの副担任がつき、ＨＲでの挨拶や伝達なども基本的に英語で行っています。年2回実施している「ＧＴＥＣ」のスコアも全国平均を大きく上回っています。こうした「話す・聞く」の英語能力の向上は、大学受験にも好影響をおよぼします。

また、ハワイ島にある学園施設を利用した短期留学を高校1年で実施し、大自然から地球環境を学ぶなど、さらなるパワーアップをはかります。

②「大卒後を視野に入れた進路設計」

中高6年間の発達段階に応じた独自のキャリアプログラムを年4回、6年間実施。各回ごとにテーマを設け、オリエンテーション・キャンプに始まり、職業体験・社会見学・博物館実習や各界から講師を招く講話の時間など多種多様に行います。

③「オアシス・スピリット」

机上の勉強だけでは身につかない「コミュニケーション能力」や「人間関係力」を、多様な取り組みや行事から身につけます。すでに高校で実績のある担任との交換日記により、生徒一人ひとりの心の変化を把握。また、併設の浦和大学での福祉体験など、特色ある行事で人間性を育みます。

万全な学習プログラム

「週6日制」「50分授業」、土曜日は50分4時限で確保される授業時間を使って反復学習を徹底、全生徒が主要5教科の基礎学力を身につけます。また、「朝トレーニング」では、英語・漢字・計算のドリルや読書を、放課後は指名制の「キャッチアップ補習」、希望制の「アドバンス補習」も行っています。春・夏・冬の長期休暇中には主要5教科の講習も実施します。

恵まれた環境で過ごす6年間

浦和実業学園中学校は、ＪＲ南浦和駅から徒歩14分。抜群の立地条件にある高等学校の校地内に中高一貫部校舎があります。そこには生徒が気軽に訪れることができるよう、オープンスペースを確保した職員室や自習室、屋内運動場、多目的ルームなどがあり、5期生から10期生まで合わせて５００名を超える生徒が毎日元気に生活しています。先生方はネイティブの先生と共に豊富な経験を生かし、学習はもとより、学校生活全般で生徒の指導にあたっています。

●学校説明会　11月 9日(日) 10:00～
●入試問題学習会（学校説明会実施）　11月23日(日祝) 10:00～
　12月21日(日) 10:00～
●公開授業　11月18日(火)～20日(木)
　9:00～15:00
　(11:00～ミニ説明会)
※いずれも予約不要・上履不要

2015年度 募集要項

	第1回(午前) A特待入試	第1回(午後) A特待入試	第2回(午前)	第2回(午後)	第3回	第4回
試験日	1月10日(土)	1月10日(土)	1月12日(月祝)	1月12日(月祝)	1月16日(金)	1月25日(日)
募集定員	25名	25名	20名	20名	20名	10名
試験科目	4科(国・算・社・理)	2科(国・算)	4科(国・算・社・理)	2科(国・算)	4科(国・算・社・理)	4科(国・算・社・理)
合格発表	1月11日(日)		1月13日(火)		1月17日(土)	1月26日(月)

浦和実業学園中学校

〒336-0025 埼玉県さいたま市南区文蔵3丁目9番1号
TEL 048-861-6131(代表)　FAX 048-861-6132

＼親子でやってみよう／

科学マジック

割れない風船の不思議

（今回は風船を使ったマジックを紹介しましょう。画びょうや針の先に触れた風船は割れてしまうのが常識ですね。まして、たくさんの画びょうと戦ったら風船はとてもかなわないのではないでしょうか。実は、そうでもないのです。）

1 用意するもの

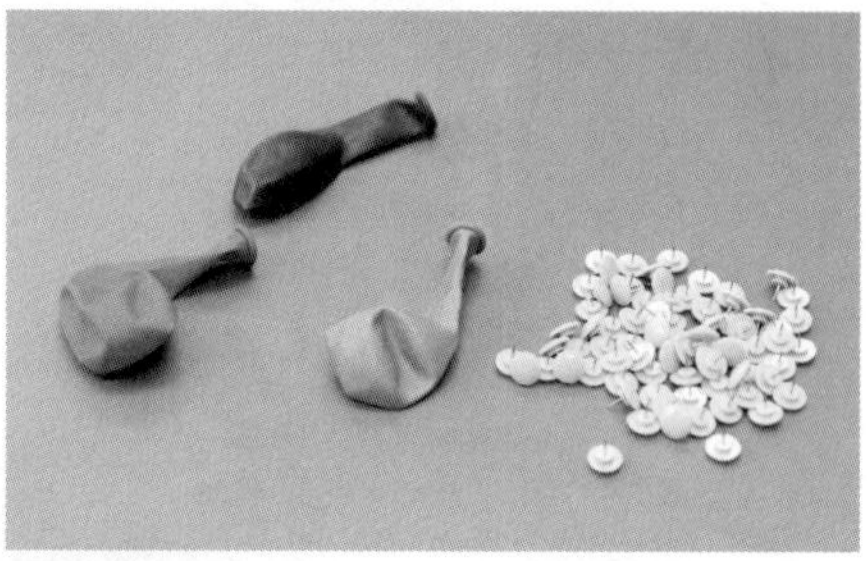

①風船（30㎝風船ぐらいの大きさを数個）
②画びょう（40〜50個）

2 風船をふくらませる

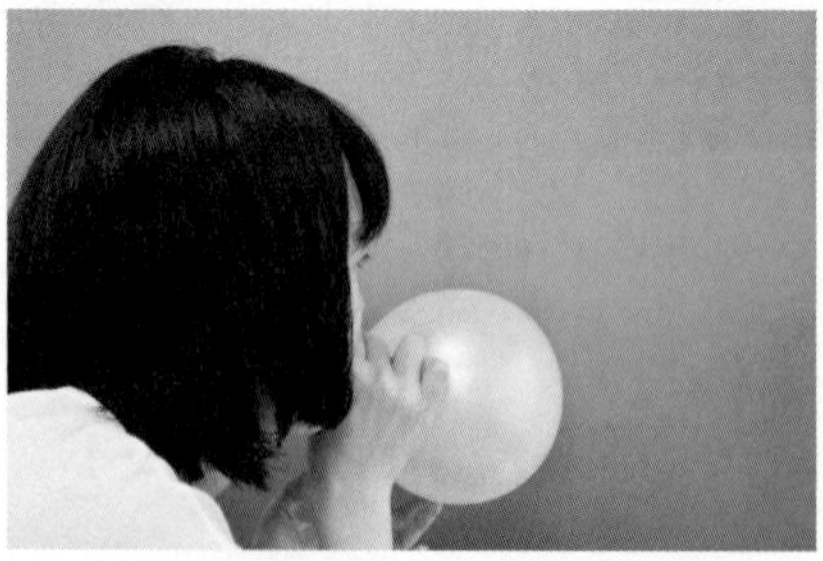

風船を2〜3個ふくらませます。お父さんやお母さんにやってもらいましょう。

3 画びょう1個と風船では…

テーブルに画びょうを1個置き、風船をその上に押しつけます。

4 風船は割れてしまいます

当然ですが、風船はパンッと音を発して割れてしまいました。

5 画びょうをたくさんにしてみる

今度はテーブルにたくさんの画びょうを、針を上にして並べます。

6 風船をそっと乗せてから…

たくさんの画びょうの上に風船をそっと置きます。

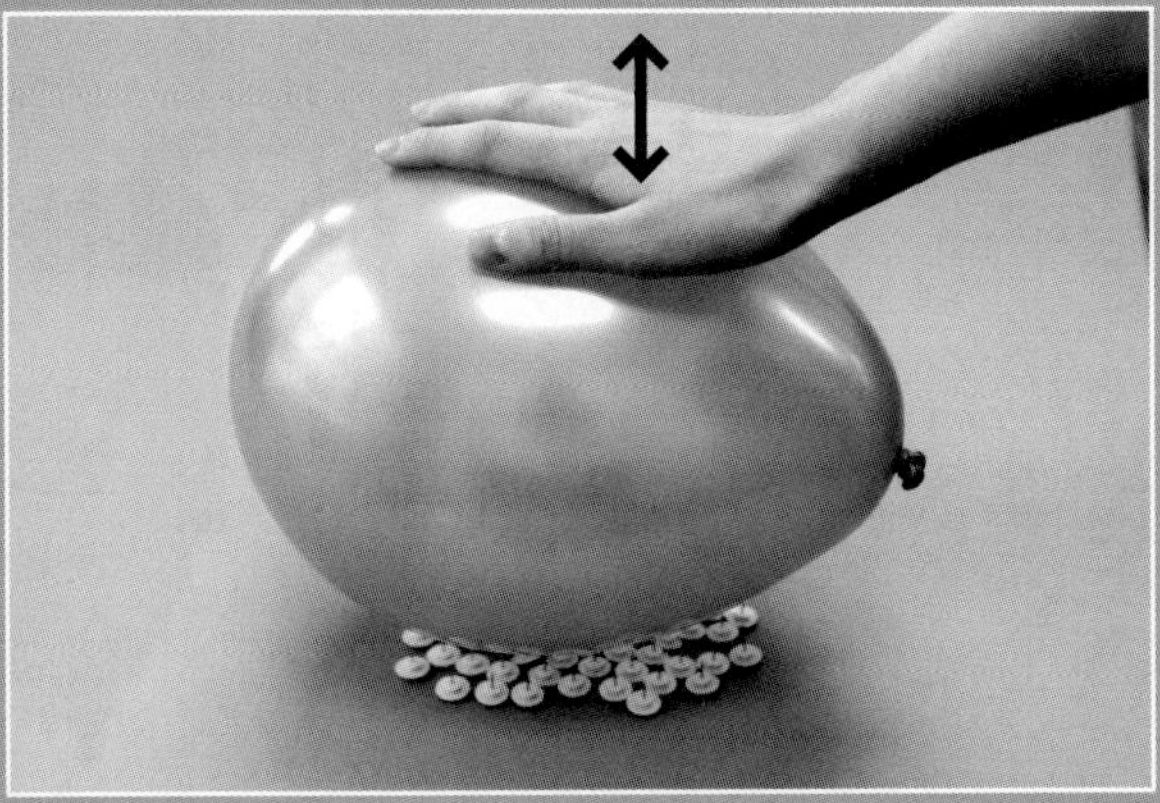

7 不思議だ！ 風船が割れない

手の平で風船を上下にギュッギュッと押さえつけても風船は割れません。本当に不思議です。でも、力を入れすぎるとやっぱり割れてしまいます。

【ご注意】押さえつける時、勢いあまって画びょうの針でケガをしないように注意しましょう。お子さんがやってみる場合はお父さん、お母さんが手を添えるようにしてください。

解説

画びょうのようにとがったものを風船に押しつけると、小さな力でも風船を割ることができます。これは画びょうの先端に力が集中し、風船に穴が開き、割れてしまうからです。実は、画びょうのようなとがったものでも、顕微鏡で見てみると風船に触れる先端には面積があります【写真】。画びょうの数を多くすると、この触れる面積が増えていき、面積が増えるとその力は面積に反比例して小さくなっていきます。たくさん並べることで、今までのような小さな力では割れないようになります。

pick up!

昌《しょう》平《へい》中学校

Tクラス新設!!

School INFO.

所在地

埼玉県北葛飾郡
杉戸町下野851

TEL

0480-34-3381

アクセス

東武スカイツリーライン直通
「杉戸高野台駅」
徒歩15分・バス5分、
JR宇都宮線・東武伊勢崎線
「久喜駅」バス10分

入試説明会

10:00～12:00
11月28日（金）
12月13日（土）

入試問題アドバイス

※要予約
10:00～12:00
11月9日（日）

2010年（平成22年）に開校した昌平中学校。2015年度（平成27年度）より、最難関大学合格を目標とする「Tクラス」も新設され、さらに「国際バカロレア候補校」に向けて、グローバル社会に対応できる人材を育成します。

国際バカロレア候補校に向けて始動

来年度入学生から「グローバル人材育成プログラム」をスタートさせる昌平中学校（以下、昌平）。

「プロジェクト学習」「パワー・イングリッシュ・プロジェクト」「国際交流の実践」「SW（スペシャル・ウェンズデイ）」「IB（国際バカロレア）の導入」という一連の教育プログラムをとおして、加速度的にグローバル化している社会に対応できる人材を育てていきます。

以前から英語学習には定評がありますが、そのほかの教科指導も充実しています。「手をかけ 鍛えて 送り出す」昌平の学習指導とはどんなものなのか、城川雅士校長先生に伺うと「本校の学習指導は奇をてらったものではなく、王道の正攻法なものですが、IB候補校に向けて、日本人が比較的苦手とするプレゼンテーション力などが身につくよう、授業に工夫をしていきます」と話されました。

中1・中2の2年間は、全員が同一内容・進度で各教科の基礎基本を徹底していきます。ここで養った学力を土台とし、中3・高1では応用力を磨き、高1の最後に文系・理系のコース選択を行います。そして高2・高3の2年間は6年間の集大成として、希望の進路実現と、その先を見据えた実社会にも対応できる実践力を身につけます。

また、第4土曜を除く土曜日に授業を実施することで授業時数を確保。授業は、各先生方が進め方、生徒の知的好奇心をくすぐる内容を徹底的に研究し、課題発見力や課題解決力が身につくように工夫します。生徒それぞれの現状を見極めながらの指導も手厚いものがあります。補習や希望者対象の放課後講習、夏期・冬期・春期講習など、全て無料で受けることができます。

基礎基本の徹底をはかる「SHシステム」

２０１４年度（平成26年度）からは、自分自身の弱点を発見できる「SHシステム」を導入しました。中学段階で必要な5教科の問題が計33万題データベース化されているシステムを使い、基本問題のできなかった部分から弱点をあぶりだし、その類題を繰り返しこなすことで克服していくことができるのです。

「先生側だけではなく、生徒自身でも自分はどこが弱いかということを自覚することで、より効果的に学習が進められます。もちろんできる生徒はさらに上のレベルに進めます」と城川校長先生。一見オーソドックスでありながら、先生方の熱意と着実な指導の積み重ねで、毎年、大学合格実績は伸長しています。

最難関大を目指すTクラス新設

さらに、最難関大学合格を目標とした「Tクラス」を新設し、２０１５年度（平成27年度）入試から募集を開始します。「手をかけ 鍛えて 送り出す」昌平の教育のもとでスタートする「Tクラス」にも、今、大きな注目が集まっています。

問題は84ページ

ジュクゴンザウルスに挑戦！

熟語パズル

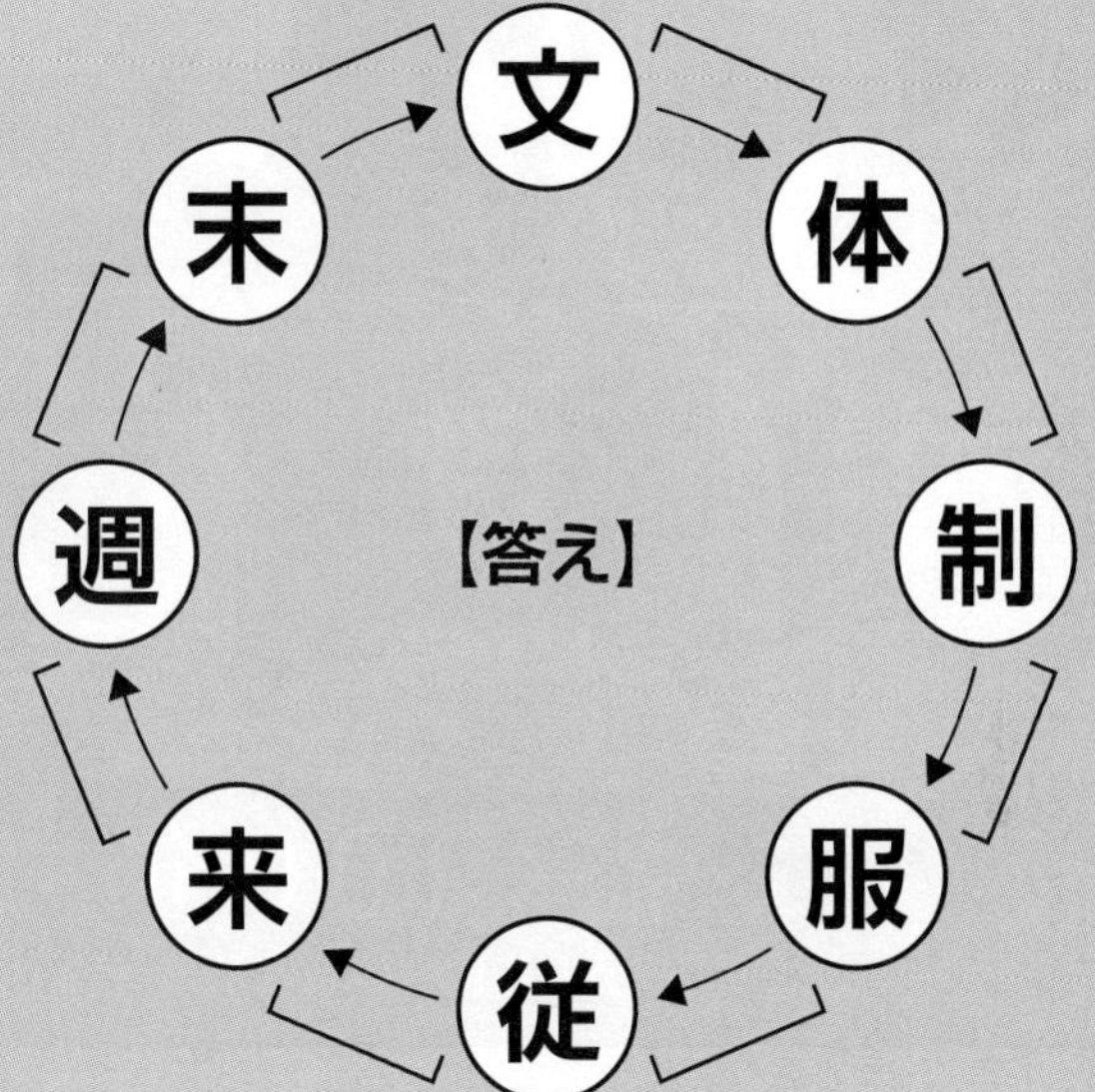

全て小学校6年生までに習う熟語だったけど、ちょっと難しかったかな。

中学受験生なら、「服従」や「従来」は長文読解などで出てくる可能性があるから覚えておいた方がいい。また、「体制」と「態勢」、「体勢」の違いは知っておいた方がいいね。「末文」には、「文末」と同じ「文章の終わりの部分」の意味があるけど、「末文」は「手紙文の終わりに書く形式的な結び文のこと」も意味するよ。

【熟語の意味】 **文体**（ぶんたい）＝文章の形式・様式。 **体制**（たいせい）＝国家、組織、団体、社会などの仕組み。また権力を持つ側（参考：「態勢」＝物事に対する構えや状態、「体勢」＝身体の構えや姿勢）。 **制服**（せいふく）＝学校・会社など、ある集団や団体に属する人が着るように定められている服装。 **服従**（ふくじゅう）＝他の意志や命令に従うこと。 **従来**（じゅうらい）＝以前から今まで。これまで。 **来週**（らいしゅう）＝この次の週。 **週末**（しゅうまつ）＝一週間の終わり頃。 **末文**（まつぶん）＝文章の終わりの部分。手紙の最後に添える簡単な結びの文。

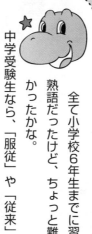

描く100年　創る100年

女子美が目指したのは、女子の新しい生き方を世の中に示すことでした。

私たち女子美生は、創立したその時から「描くこと」「創ること」によって、自分自身を輝かせ、
日本の女の子たちを勇気づけ、社会をゆっくり大きく変えてきました。
この確かな歩みは、これからの100年も変わることなく、一層力強く続いてゆきます。

女子美付属の100年の歴史に新たなる輝きを。
これからの100年に挑む女子美生の使命です。

■平成26年度　受験生対象行事

11月22日(土)	公開授業	8:35〜12:40
11月29日(土)	公開授業	8:35〜12:40
	学校説明会	14:00〜
12月6日(土)	ミニ学校説明会	14:00〜
1月10日(土)	ミニ学校説明会	14:00〜

■高等学校卒業制作展

3月2日(月)〜3月8日(日)
9:30〜17:30　東京都美術館

●本校へのご質問やご見学を希望される方には、
随時対応させて頂いております。
お気軽にお問い合わせください。

■平成27年度募集要項(抜粋)

	第1回	第2回
募集人員	女子110名	女子25名
試験日	2月1日(日)	2月3日(火)
試験科目	2科4科選択 国・算　各100点・50分 社・理　各　50点・30分 面接(約3分)	2科 国・算　各100点・50分 面接(約3分)
願書受付	1/20(火)〜30(金) 郵送必着 ※持参の場合のみ 1/31(土)12:00まで受付可	1/20(火)〜30(金) 郵送必着 ※持参の場合のみ 2/2(月)12:00まで受付可
合格発表	2月1日(日) 20:00〜20:30頃	2月3日(火) 17:00〜18:00頃
	校内掲示・HP・携帯サイト	

美

女子美術大学付属高等学校・中学校

〒166-8538　東京都杉並区和田 1-49-8　TEL 03 - 5340 - 4541　URL http://www.joshibi.ac.jp/fuzoku/

2015
100th
ANNIVERSARY

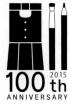

学ナビ!! School Navigator vol. 067

東京都　世田谷区　女子校

佼成学園女子中学校

KOSEI GAKUEN GIRLS' Junior High School

生徒の成長につながる充実の英語教育

中高一貫の女子校である佼成学園女子中学校・高等学校は、「茶道」や「書写」など独自の必修授業により豊かな感性を育てると共に、英語教育に力を入れています。国際化・情報化に対応できる21世紀の教育を目指して、時代に先駆けた先進的な教育内容を取り入れていることでも知られ、２０１４年度（平成26年度）より文部科学省からスーパーグローバルハイスクール（ＳＧＨ）に指定されました。

◇豊かな英語学習環境

佼成学園女子の英語教育では、英語の授業のほか、音楽や美術の指導が外国人教員により行われる「ＫＡＬＩＰ」という、一歩進んだイマージョンプログラムを実施していることが特徴です。さらに、ハロウィンやクリスマスなどのイベントや、ネイティブ教員と共に英語漬けの2日間を過ごすイングリッシュサマーキャンプなども用意されています。中学校の3年間、たっぷりと英語につかることができる豊かな英語学習環境が魅力です。

授業では習熟度別クラスを展開し、一人ひとりの実力に合わせた親身な指導が行われています。また、年2回、学校全体で英検受験に取り組む「英検まつり」が実施され、お互い励ましあいながら、楽しく学べる環境をつくることで、英検合格者を飛躍的に伸ばしています。

ＫＡＬＩＰの集大成として、中3でニュージーランド修学旅行を体験します。期間は7泊8日、ファームステイや現地の高校生との交流など、英語を実際に使う機会が多く設けられています。修学旅行に加え、２０１４年度（平成26年度）からは、中期留学プログラムが始まりました。修学旅行終了後も引き続きニュージーランドに残り、ホームステイをしながら現地の学校に約3カ月間通います。英語力の向上だけでなく、精神的な成長も促されるこのプログラムにより、高校でのさらなる学力の伸長が期待できるのです。

◇中学の学びを伸ばす3つのコース制

佼成学園女子では、高校に進学すると「特進留学コース」「特進文理コース」「進学コース」の3つに分かれます。

「特進留学コース」は、高1〜高2の1年間、ニュージーランドで留学生活を送ります。ホームステイをしながら現地の学校に通い、英語力と国際感覚を磨くことが可能です。

「特進文理コース」は、文系・理系に偏ることなく幅広く学ぶのが特徴です。難関大学進学を目指す文理クラスと、医歯薬看護を中心に理系全般の学部を目指すメディカルクラスに加え、２０１５年度（平成27年度）、スーパーグローバルクラスを新設します。

「進学コース」は、生徒会活動やクラブ活動と学習を両立させながら主要3教科を中心に学び、希望進路の実現を目指します。

英語教育に力を入れ、高校には生徒の進路に合わせた3つのコースを用意している佼成学園女子中学校・高等学校。丁寧な指導により身についた英語力が生徒の自信につながり、ほかの教科の学力も向上させています。近年難関大学への合格実績を伸ばし、ＳＧＨ指定により、さらなる活躍が期待されます。

School Data

佼成学園女子中学校

東京都世田谷区給田２-１-１

京王線「千歳烏山駅」徒歩６分

女子のみ142名

03-3300-2351

http://www.girls.kosei.ac.jp/

東京　大田区　共学校

立正大学付属立正中学校

RISSHO Junior High School

「立正は新しく」の合い言葉でリスタート

建学の精神を体現できる人に

2013年（平成25年）の春に行われた校舎移転を期に、新しく生まれ変わった立正大学付属立正中学校（以下、立正）。

建学の精神は、日蓮聖人の教えである「行学二道」です。これは、知識や経験（学）を、実際に行動でしめすこと（行）の大切さと、その結果を新たな学びに活かすことの大切さを説いた言葉です。つまり、蓄えた力、アイデアは行動に移してこそ意味があるということです。

そして、立正では、これからの社会で求められるのは、「仲間とともに社会のために力を発揮できる人」、「周囲への親切を心がけ、勇気をもって正しさを貫き、感謝の気持ちを欠かさず行動していける人」だと考えられています。

これらをふまえて、積極的に「行学二道」を体現できる、思いを行動で伝えられる人材の育成に力を入れているのが立正の特徴です。

新キャンパスで始まる新たな教育プログラム

新たなキャンパスが誕生したのは、多くの文士・芸術家たちが集った町、西馬込です。これまでのキャンパスの3倍という6000坪の校地に、学習施設のほか、図書館、スポーツ施設、コミュニティースペースなどの施設が整っており、生徒は快適な学校生活を送っています。

キャンパスの移転に伴い、新たな教育プログラム、「R－プログラム」も始動しました。これは、Research（調べる力）、Read（読み取る力）、Report（伝える力）の3つの「R」の力を蓄えるプログラムです。自らの意志で積極的に行動できるようになるために必要な力であると共に、将来、社会に出た時に、自分自身を支えてくれるものでもあります。

主な内容として、毎朝1時間目の前に設けられているSHR（立正タイム）で行っている「コラムリーディング」や「1分間スピーチ」などがあげられます。「コラムリーディング」では、まず5分間で新聞の社説などを読み、その後の5分間で読んだ内容に対する意見をまとめます。加えて、自分の書いた意見をクラス全員の前で発表する機会がひとりにつき年に5回は与えられています。それが「1分間スピーチ」です。

また、「R－プログラム」は、キャリア教育としての側面もあり、「職業講話」や「職場体験」などの、将来を考えるきっかけとなる機会も用意されています。これらの取り組み後は「職業新聞」などを作成、展示、発表することで、たんなる一時的な体験で済ませるのではなく、職業に対する理解を深めています。

中高6年間を通じてステップアップし続けていく多彩なプログラムで、大学進学後、さらにその先の社会に出てからも有用な力を身につけていきます。

さらに、全てが新しくなった立正のシンボルとして、新制服も採用されました。軽い着心地とシルエットの美しさを両立させたブレザースタイルで、新しい環境にふさわしい爽やかな雰囲気を醸し出しています。

このように、立正大学付属立正中学校は、新たな環境で、新たな一歩を踏み出しています。

School Data

立正大学付属立正中学校

東京都大田区西馬込1-5-1

都営浅草線「西馬込駅」徒歩５分

男子287名、女子168名

03-6303-7683

http://www.rissho-hs.ac.jp/

教えて中学受験Q&A

6年生

Question

**親が気に入った学校の制服を
娘が「かわいくない」と言います。**

６年生の長女についてです。様々な学校を見てきたなかで、教育内容に賛同でき、ぜひ入学させたいという学校が定まりました。しかし、娘は「制服がかわいくない」と親が入学させたい学校への入学に難色をしめしています。こうした場合、どのように説得したらいいのでしょうか。

（東京都葛飾区・Ｓ．Ｉ）

Answer

**学校の歴史や伝統などを調べ
お子さんに分かりやすく説明しましょう。**

私立中高の場合、一部の学校を除いてほとんどの学校が規程の制服を制定しています。特に女子の受験生にとって、制服は学校選択における大きな要素であるようです。中高６年間にわたって身につけるものですので、着用する本人にすれば気になって当然かもしれません。

各校の制服は、それぞれの学校において制定の経緯と理由があるものです。受験生本人が「かわいくない」と感じたことを頭から否定するのではなく、まずは学校パンフレットなどを参考にしながら、学校がなぜその制服を採用しているのかを説明してあげましょう。伝統や歴史を持つ学校の場合、小学生の受験生には理解しづらい部分もあるでしょうから、そうした点をかみ砕いて説明することが大切です。

制服というのは不思議なもので、実際に何年か着用していると愛着を感じるようになるものです。ですから、在校生や卒業生の制服に関する感想を、お子さんに話してあげるのもいいかもしれません。

疑問がスッキリ!

2〜5年生

Question

算数など教えるのが難しい教科をどう教えればいいですか。

この春から進学塾に通い始めた小４の長男ですが、家で塾のテキストを復習していて、理解していない部分があるように見受けます。少し説明すると分かることが多いのですが、学年が進むと算数など教えにくいとも聞きますし、親はどのように勉強を教えればいいのでしょうか。

(神奈川県横浜市・K．T)

Answer

基本的に分からない問題は塾で質問するようにしてください。

各進学塾では、原則、学習内容について家庭で教えることを前提としていません。塾の指導によって学力を向上させることを本旨としているからです。しかし、家庭でお子さんの勉強を見ることを全面的に否定するわけではありません。今どんなことを勉強しているのか知り、学習進度を確認しておくことは意味がありますし、何がどのように分からないかを聞くことで、お子さんは勉強した内容を整理することができます。

勉強を教えるのは思っている以上に難しいことです。教えても理解してくれない状況になると、親の方が感情的になったり、必要以上に厳しい言葉を口にしてしまうかもしれません。学習内容でも、例えば算数では小５後半ぐらいから急激に難度があがり、解答を出せてもそこまでの過程を分かりやすく説明することは困難となりますし、受験算数特有の解法は、塾での説明と違った方法で教えてしまうとお子さんも混乱してしまうので、分からないことは塾で聞くようアドバイスしてください。

明日の自分が、今日より成長するために…

２名のネイティブ専任教員から
世界で通用する英語を学び
世界レベルでの自己実現を目指す

多摩大学目黒の英語教育の大きな目標の一つは
世界中で必要とされる日本人を育てることです。
英会話を指導する２名のネイティブ専任教員は
それぞれイギリス出身とアメリカ出身。
微妙に異なる表現やアクセントも経験することで
世界中に通用する英語を習得します。
さらに６年間で最大３ヶ国を訪問することにより、
世界規模で物事を考えることのできる広い視野と
世界を相手にしっかり「交渉」できる
コミュニケーション力を磨きます。
これらの経験と能力は 10 年後、20 年後に
社会人として国内でも海外でも常に必要とされる
人物であり続けるための確固たる土台となります。

写真上:フィリップ·チャンドラー教諭(イギリス出身)
写真下:デイヴィッド·ワイウディ教諭(アメリカ出身)

●中学受験生·保護者対象学校説明会 予約不要

11/12(水) 10:00～
1/ 9(金) 19:00～
12/ 6(土) 10:00～
1/10(土) 10:00～

※お車でのご来校はご遠慮ください。

●中学体験学習 要予約 (保護者の方は授業参観及び説明会)

英語体験授業:Let' s enjoy English! ／クラブ体験:来たれ我が部！

11/22(土) 10:00～12:00　会場:あざみ野セミナーハウス
※前々日までに電話にてご予約ください。

●2015 年度生徒募集要項

試験区分	進学 第１回	進学 第2回	特待・特進 第１回	特待・特進 第2回	特待・特進 第3回	特待・特進 第4回
募集人員	74名		特待20名 特進20名			
出願期間	1月20日（火）より各試験前日まで、9:00～15:00					
試験日	2/1（日） 8:30集合	2/2（月） 8:30集合	2/1（日） 14:30集合	2/2（月） 14:30集合	2/3（火） 14:30集合	2/4（水） 8:30集合
試験科目	２科または４科		４科		2科	
発表（ホームページ）	各試験当日14:00～16:00		各試験当日21:00～21:30			当日14:00～16:00
発表（校内掲示）	各試験当日14:00～16:00		各試験当日翌日12:00～14:00			当日14:00～16:00

http://www.tmh.ac.jp
多摩大学目黒　検索
携帯サイト:http://www.tmh.ac.jp/mobile

多摩大学目黒中学校

〒153-0064 東京都目黒区下目黒 4-10-24　TEL. 03-3714-2661

JR 山手線・東急目黒線・都営地下鉄三田線・東京メトロ南北線「目黒駅」西口より徒歩 12 分
東急東横線・東京メトロ日比谷線「中目黒駅」よりスクールバス運行

笑顔あふれる丘の上の進学校
Teikyo
University
Junior High School

帝京大学中学校

TEIKYO

〒192-0361 東京都八王子市越野322　TEL.042-676-9511（代）

http://www.teikyo-u.ed.jp/

○2015 年度入試 学校説明会

対象／保護者・受験生　　会場／本校

第４回 **11/15（土）10:00** 保護者から見た帝京大学中学校

第５回 **12/14（日）10:00** 入試直前情報　過去問解説授業

第６回 **1/10（土）14:00** これから帝京大学中学校をお考えの皆さんへ

第７回 **2/28（土）14:00** 4年生・5年生保護者対象の説明会

○学校見学は、随時可能です。（但し、日祝祭日は除く。また学校説明会等、行事のある場合は見学出来ないことがあります。）
○平常授業日（月～土）には、事前にご予約いただければ、教員が校舎案内をいたします。

○邂逅祭（文化祭）　11月1日（土）・2日（日）

○2015年度入試要項（抜粋）

	第１回	第２回	第３回
試験日	2月1日（日）午前	2月2日（月）午前	2月3日（火）午後
募集定員	40名（男女）	40名（男女）	30名（男女）
試験科目	2科（算・国）・4科（算・国・理・社）より選択		2科（算・国）

●スクールバスのご案内

月～土曜日／登校時間に運行。
詳細は本校のホームページをご覧ください。

JR豊田駅 ←→ 平山5丁目（京王線平山城址公園駅より徒歩5分）←→ 本　校
←（20分）→

多摩センター駅 ←（15分）→ 本　校

「誰かのために、まず、私から始めましょう。」

初代校長　マーサ・J・カートメル

TOYO EIWA
130th
Since 1884

東洋英和女学院中学部

学校説明会　11月 8日（土）14:00～15:30 ※全学年対象

入試問題説明会　11月29日（土） 9:00～11:00 ※6年生対象

（上記2件）予約不要　個別の入試相談コーナーがあります。

ミニ学校説明会　12月26日（金）10:00～11:00 ※6年生対象 予約制

クリスマス音楽会　12月13日（土）1回目　13:00～14:15
2回目　15:00～16:15

※ 9／6・11／8学校説明会でアンケートを提出された方には11月末に案内状をお送りいたします。

2015（平成27）年度入試要項

	募集人数	願書受付	試験日	入試科目	合格発表
A日程	80名	［窓口］1月20日（火）～26日（月） 9:00～15:00 土日を除く	2月2日（月）	4科・個人面接	ホームページ　2月2日（月）22:00 校内掲示　2月3日（火）9:00
B日程	30名	［郵送］1月20日（火）～26日（月） 必着	2月3日（火）	4科・個人面接	ホームページ　2月3日（火）22:00 校内掲示　2月4日（水）9:00

〒106-8507　東京都港区六本木5—14—40　TEL.03—3583—0696　FAX.03—3587—0597

http://www.toyoeiwa.ac.jp

アクセス　大江戸線「麻布十番駅」7番出口から徒歩5分　南北線「麻布十番駅」5a番出口から徒歩7分
日比谷線「六本木駅」3番出口から徒歩7分　千代田線「乃木坂駅」3番出口から徒歩15分
バス：渋谷駅から新橋行き「六本木五丁目」下車徒歩4分

解説と解答

問１　設問指示をよく読み「最小目盛りの10分の１の位まで値《あたい》を読み取る」というところがポイントです。30℃から40℃まで10目盛ですから、最小目盛は１℃となります。

答え　37.2℃

問２　正確に温度を測定するためには、目盛をしめす液体が温度変化につれて一定の割合で増減することが必要です。そのことを自分の言葉で表現しましょう。

答え　温度が変わっても
体積の変化が一定であるような液体。

問３　物質の体積は温度が低くなるほど小さくなり、液体では固体になる直前に体積が最小となるのですが、水は例外で４℃で最小となる特徴があります。ですから水は４℃より温度が上がっても下がっても体積は大きくなるので、液体温度計に用いるのは適切ではありません。したがって、エが正解です。

答え　エ

解法のポイント

実験や観察に関する出題が多い麻布中学校の理科問題を代表するような設問ではないかと思います。

問題のはじめにある「温度が変化するとその液体がぼう張または収縮します」という部分が大きなヒントとなっています。温度が上昇すると液体がぼう張し、温度が下がると体積が収縮するという性質を用いて液体温度計がつくられています。

中学入試 この問題解けるかな?

麻布中学校　2014年理科問題2より

問題

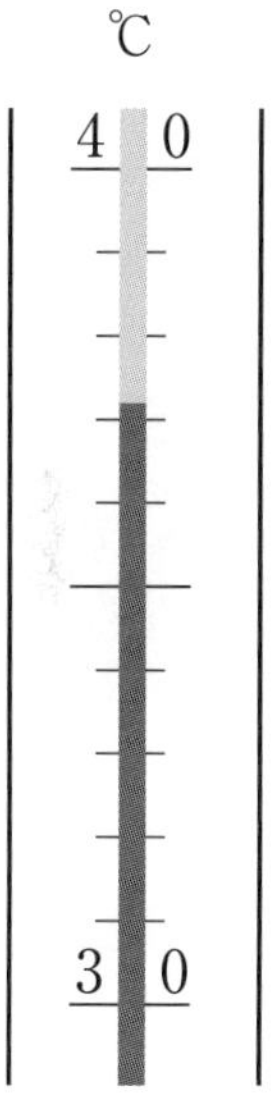

右図のような温度計は液体温度計と呼ばれ，管の内部に灯油などの液体が入れてあり，温度が変化するとその液体がぼう張または収縮します。液体の体積が変わると液の先の位置が変わるため，液の先の目盛りを見れば温度がわかるのです。

問１　図の温度計を最小目盛りの10分の1の位まで値《あたい》を読み取ると，この温度計は何℃を指しているといえますか。

問２　温度計の管の太さを均一にしたとき，目盛りを等間隔《とうかんかく》にするためには，どのような性質の液体を中に入れればよいですか。簡潔に説明しなさい。

問３　液体温度計に用いる液体として，水はあまりふさわしくありません。これは水にどのような性質があるからですか。もっとも適当なものを下のア～カから選び記号で答えなさい。

ア．さまざまなものをよくとかす。

イ．地球上に多く存在する。

ウ．灯油と混ぜると分離《ぶんり》してしまう。

エ．4℃で体積が最小になる。

オ．空気との境目で光が曲がる。

カ．蒸発するときに熱をうばう。

東海大学付属相模高等学校中等部

中・高・大一貫教育

異文化交流体験（東海大学海外留学生との交流）

2015年度学校説明会 日程等

学校説明会 （予約不要）	10月18日（土）	10:00～12:00
	11月 9日（日）	
	12月14日（日）	
東海大相模建学祭 （文化祭）	10月 4日（土）・5日（日）	10:00～15:00
体育祭	10月11日（土）	9:30～14:00
定期演奏会	12月14日（日）	14:00～16:30

様々な体験・経験の中から

本当の自分発見！

本当の学びを！

そして夢の実現

2015年度入試 日程（予定）

	募集人員	試験日	試験科目	合格発表
A試験	男女110名	2月1日（日）	2科・4科選択及び面接	2月2日（月）校内掲示
B試験	男女 30名	2月3日（火）	国算・国理社・算理社のいずれかを選択及び面接	2月3日（火） ネット発表及び 4日（水）校内掲示
C試験	男女 20名	2月4日（水）	2科・4科の選択及び面接	2月5日（木）校内掲示

＊B・C試験の面接に関しては、A試験にてすでに面接済みの場合は、免除となります。

東海大学付属相模高等学校中等部　http://www.sagami.tokai.ed.jp/
〒252-0395 神奈川県相模原市南区相南3-33-1 TEL 042-742-1251（代表）
小田急線小田急相模原駅より徒歩８分

Nihon University Buzan Girls' Junior High School

日本大学豊山女子中学校

＊豊山女子のポイント＊

- ☑ 日本大学付属校で唯一の女子校
  中高大連携教育と特色ある女子教育
- ☑ 中学で校外学習を年6回実施
- ☑ 高校に都内唯一の理数科を設置
  医療系に高い合格実績
- ☑ 日本大学へ推薦制度あり

学校説明会

● 10:00 本校　保護者・受験生対象

平成26年 **11月24日**（月・振替休日）・**12月6日**（土）

平成27年 **1月10日**（土）

※説明会終了後に個別面談・施設見学ができます。予約の必要はありません。

入試日程

		募集人数	試験科目
第1回	平成27年 **2月1日**（日）	70名	4科または2科（国・算・社・理）（国・算）
第2回（午後入試）	平成27年 **2月1日**（日）	25名	2科（国・算）
第3回（午後入試）	平成27年 **2月2日**（月）	30名	2科（国・算）
第4回	平成27年 **2月5日**（木）	15名	4科または2科（国・算・社・理）（国・算）

※詳細は募集要項でご確認ください。

私を変えられる，
わたしになろう。

学校見学

● 平日 9:00〜16:00　● 土曜日 9:00〜12:00

随時受け付けています。事前に電話予約をお願いします。

〒174-0064 東京都板橋区中台3丁目15番1号 TEL・03-3934-2341

http://www.buzan-joshi.hs.nihon-u.ac.jp/　日大豊山女子 検索

access
- 東武東上線「上板橋」駅下車 徒歩15分
- 都営三田線「志村三丁目」駅下車 徒歩15分
- JR「赤羽」駅西口より高島平操車場行きバス「中台三丁目」下車 徒歩5分
- 西武池袋線「練馬」駅より赤羽行きバス「志村四中」下車 徒歩15分

赤羽・練馬よりスクールバス運行
JR赤羽駅 ↔ 本校バスロータリー 15分
練馬駅 ↔ 本校バスロータリー 20分

世界の星を育てます

中学１年生から英語の多読多聴を実施しています。
また、「わくわく理科実験」で理科の力を伸ばしています。

学校説明会

第4回 11月 8日(土) 14:00～
[小6対象模擬試験(要予約)]

第6回 12月13日(土) 14:00～
[小6対象入試問題解説・入試対策授業(要予約)]

第5回 11月21日(金) 19:00～
[Evening(お仕事帰りにどうぞ)]

第7回 1月17日(土) 15:00～
[小6対象面接リハーサル(要予約)]

※説明会のみのご参加は予約不要です。
※小6対象、模擬試験・入試対策授業、及び面接リハーサルの詳細は、実施1ヶ月前にホームページに掲載されます。

学校見学

月～金曜日 9:00～16:00
土曜日 9:00～14:00

※日曜・祝日はお休みです。
※事前のご予約が必要です。

2015年度　入試要項

	第1回	第2回	第3回
試験日	2月1日（日）	2月2日（月）	2月4日（水）
募集人員	約80名	約10名	約10名
試験科目	国・算 面接（受験生のみ）	国・算 または 国・算・社・理 の選択 面接（受験生のみ）	国・算 面接（受験生のみ）
合格発表	試験当日　16:00～17:00		

ご予約、お問い合わせは入学広報室までＴＥＬ．ＦＡＸ．メールでどうぞ

MEISEI

明星中学校

〒183-8531　東京都府中市栄町1－1　入学広報室
TEL 042-368-5201(直通)　FAX 042-368-5872(直通)
(ホームページ)　http://www.meisei.ac.jp/hs/
(E-mail) pass@pr.meisei.ac.jp
交通／京王線「府中駅」
JR中央線／西武線「国分寺駅」
徒歩約20分
またはバス（両駅とも2番乗場）約7分「明星学苑」下車
JR武蔵野線「北府中駅」より徒歩約15分

◆三鷹中等教育学校

適性検査Ⅰ→独自問題

適性検査Ⅱ・大問1→独自問題、大問2→共同作成問題、大問3→共同作成問題

◆南多摩中等教育学校

適性検査Ⅰ→独自問題

適性検査Ⅱ→共同作成問題

◆武蔵高等学校附属

適性検査Ⅰ→共同作成問題

適性検査Ⅱ・大問1→共同作成問題、大問2→独自問題、大問3→共同作成問題

適性検査Ⅲ→独自問題

◆両国高等学校附属

適性検査Ⅰ→独自問題

適性検査Ⅱ→共同作成問題

適性検査Ⅲ→独自問題

サンデーショックによる日程変更

2015年度入試は2月1日が日曜日にあたるため、いわゆる「サンデーショック」が起こり、キリスト教系の学校の一部で日曜の午前入試を避けて入試日を移動、その影響を受けて他校でも順に入試日の移動が起こります。ここでは、すでに前号9・10月号既報の学校を除いて掲載しますので前号もご参照ください。

◆カリタス女子　第1回2月1日午前を、1日午後に移す。第3回6日午前を、5日午前に移す。

◆鎌倉女学院　第1回2日午前を、1日午前に、第2回4日午前を、3日午前に移す（同校はキリスト教系の学校ではありませんが影響を受けての変更と考えられます）。

◆恵泉女学園　第1回1日午前を、2日午前に移す。なお、S方式（午後入試）は2日午後を、1日午後に移す。

◆湘南白百合学園　2日午前を、1日午前に移す。

◆清泉女学院　第1回1日午前を、2日午前に移す。

◆聖園女学院　第2回2日午前を、1日午後に移す。第3回2日午後を、2日午前に移す。第4回3日午前を、2日午後に移す。

※サンデーショック関連以外でも入試日の変更が目立ちます。前号既報以外でその一部をまとめました。

◆青山学院　3日午前を、2日午前に。

◆かえつ有明　第4回4日午前を廃止。

◆鎌倉学園　1日に午後入試を新設。この日は算数1科目入試。

◆京華女子　第3回特待3日午後を、3日午前に。

◆晃華学園　2日の入試回を廃止して、第1回1日午前、第2回3日午前の2入試回に減。

◆順天　第3回5日午前を、4日午前に。

◆捜真女学校　B3日午前を、2日午前に。C3日午後を、2日午後に。D5日午後を新設。入試回数増。

◆東海大学付属相模高等学校　3日午前を新設して入試回数を増。

◆日本大学豊山女子　第2回2日午後を、1日午後に。第3回3日午前を2日午前に。

◆法政大学第二　第2回6日午前を、4日午前に。

◆三輪田学園　第2回3日午前を、2日午前に。第3回5日午前を、4日午前に。

◆森村学園　第3回5日午前を、4日午前に。

◆山手学院　後期7日午前を、6日午前に。

中学受験インフォメーション

2015年度中学受験入試変更ニュース

都立中高一貫校が共同問題導入

都立中高一貫校の適性検査問題の出題システムが、来春の2015年度入試から変更されます。これまで各校それぞれが適性検査問題を独自につくっていましたが、新たな適性検査では、都立中高一貫校（10校）から選ばれた教員が共同で作成した共同作成問題が導入され、各校が作成する独自問題と組みあわされて出題されます。

適性検査Ⅰ（１問）、適性検査Ⅱ（３問）、合わせて４問のうち、１～２問を各校の独自問題に差し替えます。適性検査Ⅲを合わせて実施することもでき、適性検査Ⅲは独自問題となるため、その場合は適性検査Ⅰ・Ⅱでの独自問題差し替えは０問または１問とします。

適性検査Ⅰ・Ⅱのうち、どの問題を独自問題と差し替えるかは各校に任せられていましたが、９月上旬、以下のようにいっせいに発表されました。独自性を担保したいためか、これまでは２校しか採用していなかった適性検査Ⅲの採用校が５校に増えたのが特徴です。

なお、共同作成問題、独自問題ともにそのサンプルが各校のホームページに掲載されています。

◆桜修館中等教育学校
適性検査Ⅰ→独自問題
適性検査Ⅱ・大問１→独自問題、大問２→共同作成問題、大問３→共同作成問題

◆大泉高等学校附属
適性検査Ⅰ→共同作成問題
適性検査Ⅱ→共同作成問題
適性検査Ⅲ→独自問題

◆小石川中等教育学校
適性検査Ⅰ→共同作成問題
適性検査Ⅱ・大問１→共同作成問題、大問２→独自問題、大問３→共同作成問題
適性検査Ⅲ→独自問題

◆立川国際中等教育学校
適性検査Ⅰ→独自問題
適性検査Ⅱ→共同作成問題

◆白鷗高等学校附属
適性検査Ⅰ→独自問題
適性検査Ⅱ→共同作成問題

◆富士高等学校附属
適性検査Ⅰ→共同作成問題
適性検査Ⅱ→共同作成問題
適性検査Ⅲ→独自問題

東大を目指す　安田学園・先進コース
自分の頭で考え学ぶ力、問題解決力をつける

英語の授業

6月中旬、中1先進コースの英語の授業をのぞいてみました。

生徒主体のグループ学習

「Open your textbooks.」大西先生の「総合英語」の授業は、テキスト「NEW TREASURE STAGE1」のレッスン3－4「What do you have in your bag?」の新出単語の音読で始まりました。

続いて、本文を音読。さらに、本文のKey Pointsの例文を音読。一般動詞を使った疑問文、主格と所有格・目的格、前置詞と目的格の関係など文法事項の確認が行われました。

「この文は、doが2つあるけどその違いが分かりますか」などの質問にも生徒の受け答えは早く、授業はテンポよく進みます。

約10分後、3～4名のグループに分かれ、先生から、前の時間に議論して作ったレッスン3－3のテストの答案と新しいレッスン3－4のワークシートが各グループに渡されると、すぐに活発な議論が始まりました。

まずは、この授業の最後にある3－3のテストに向けて、答案を完成させます。「hardって『固い』『難しい』の他にまだあるよ」という先生のヒントに、競って辞書を引いていましたが、ある生徒の「あ、『一生懸命に』という意味があった。これだ。」という言葉で決着したようです。

この答案が完成すると、今日のレッスン3－4の単語、本文、Key Pointsの例文の3枚のワークシートに取りかかり、発音、意味・日本語訳を議論しながら書き込んでいきます。実は、このワークシートをきちんと完成させるために、一人ひとりがノートの見開き左にテキストの単語、本文、例文を書き、右にその発音、意味をぎっしりと予習してきます。

解答の根拠を追究し、論理的に自分の意見を言う習慣をつける

ワークシートを完成させるとき、先生はあくまで考えるヒントを与えるだけで、決して答えは教えません。だから、自分と友達の答えが違うと、その根拠が大切になります。

ある生徒は、「意見がぶつかるときは、テキストを見返したり、辞書を引いたりして調べます」と語ってくれました。

次の授業でテスト問題にグループで取組み、グループ学習の成果が問われます。授業の最後に、各個人の定着度をはかるテストが授業の終わりにあります。

このように、レッスン3－4の予習⇒説明⇒グループ学習（レッスン3－3の最終確認＋レッスン3－4の学習）⇒3－3のテスト⇒レッスン4－1の予習⇒説明⇒グループ学習（レッスン3－4の最終確認＋レッスン4－1の学習）⇒3－4のテスト…と、生徒主体の学びがスパイラルに展開していきます。

一人ひとりが主体的に関わらなければ進まない授業です。だから、静かな授業ではありません。生き生きとした活気のある授業です。

ある生徒は、授業後「この授業は、よくわかるし、楽しくてよく覚えられます」と感想を漏らしていました。まさに、自ら考え学ぶ授業です。生きた知識が身につく授業です。

さらにこの授業では、将来の自学力の伸長と東大入試を意識して、解答の根拠を追究し論理的に表現できる学び方を中1から習慣づけようとしています。

文法力もコミュニケーション力も身につける英会話の時間

日本人教師で展開される週5時間の「総合英語」の授業に加え、週2時間の日本人教師とネイティブスピーカーとのteam teachingによる「英会話」の授業では、ジョナサン先生が総合英語で学習した「What do you have in your bag?」をもとに一般動詞を使った疑問文「Who?　When?　Where?　How?」を、巧みなビンゴゲームで活用していきます。

まさに、英会話は、文法をベースにした英語学習の実際の活用の場です。

ゲームの面白さと仲間と英語でコミュニケーションをとる新鮮さで、教室は割れんばかりの活気にあふれていました。

こうやって生徒たちは、確実な文法力を基盤にした生きた英語力を身につけていきます。

論理的思考力とグローバルコミュニケーション力、いずれも、グローバルリーダーとして必須な力です。

新中学棟完成　・　26年度 共学スタート

安田学園中学校

〒130-8615 東京都墨田区横網2-2-25
http://www.yasuda.ed.jp/　E-mail nyushi@yasuda.ed.jp
TEL 03-3624-2666　入試広報室直通 0120-501-528
JR両国駅西口徒歩6分／都営地下鉄大江戸線両国駅A1口徒歩3分

●学校説明会

11/23(祝)　9:20 入試体験（要予約）
12/20(土)　9:20 入試解説
1/10(土)　14:30 入試直前対策

人間力、輝かせよう。
学力を伸ばし、感性に磨きをかけて一人ひとりの個性を膨らませる。
独自の教育方針で、人間力を豊かに育みます。

Information

中学受験生・保護者対象説明会 10:30～

※11月23日（日・祝）　12月20日（土）
1月10日（土）

※印の説明会では英語の体験学習を行います。

見学できる行事

イングリッシュファンフェアー	11月 8日（土）
英語祭	12月13日（土）
百人一首大会	12月19日（金）
スピーチコンテスト	3月 7日（土）

2015年度中学入試要項

募集人員	入試科目	入学試験日
第1回34名	4科	2月1日（日）A（14：00） 2月1日（日）B（15：00）
第2回50名	2科または4科	2月2日（月）9：00
第3回30名	4科	2月3日（火）9：00
第4回30名	2科または4科	2月5日（木）9：00

※合格発表は入学試験当日になります。

連絡を頂ければ随時、学校説明をいたします。
また、学校見学もできます。

学校法人 八雲学園

八雲学園中学校

〒152-0023　東京都目黒区八雲2丁目14番1号　TEL.03-3717-1196（代）　http://www.yakumo.ac.jp

おいしく食べて、ママも子どももみんなHAPPYになぁれ♪

忙しいママ必見！

クラスのアイドル弁当

みんな大好きな鶏のから揚げ弁当！フライパンで上手に同時調理することで、カレーフライドポテトもスピーディーに。
さっぱり味のきゅうりの味ごまあえを合わせて。食べごたえ満点のお弁当☆

鶏のから揚げ弁当

（材料は2人分）

鶏のから揚げ

鶏もも肉…200g
「丸鶏がらスープ」
…小さじ1/2
Ⓐ しょうゆ…小さじ2
にんにくのすりおろし
…小さじ1/2
ごま油…小さじ1
塩…少々
小麦粉…大さじ3
「揚げ油」…適宜

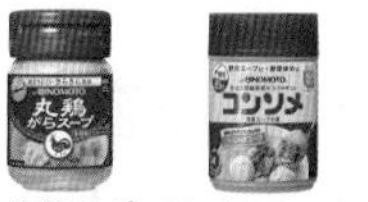

「丸鶏がらスープ」「味の素KKコンソメ」〈顆粒タイプ〉

カレーフライドポテト

じゃがいも…1個
「コンソメ」…小さじ1/4
Ⓑ カレー粉…小さじ1/3
塩…少々
こしょう…少々
「揚げ油」…適宜

きゅうりの味ごまあえ

きゅうり…1/2本
塩…小さじ1/4
「味の素®」…7ふり
Ⓒ ごま油…小さじ1/2
いり白ごま…小さじ1/2

作り方（調理時間約15分）

① 下味つけ

（鶏のから揚げ）
鶏肉にフォークで穴をあける
一口大に切り、「丸鶏がらスープ」、Ⓐに漬け込む

ポイント
フォークで穴を開けると、たれが肉の中までしっかり入る
たれに「丸鶏がらスープ」を入れると、風味がアップ

② 切る

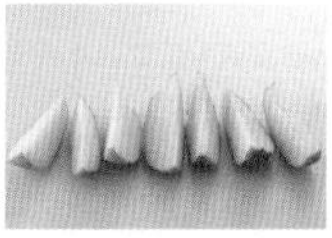

（カレーフライドポテト）
じゃがいもはくし型切り

ポイント
じゃがいもは皮つきで！

（きゅうりの味ごまあえ）
きゅうりはうす切り
塩もみをし、水気をしぼる

③ 小麦粉をまぶす

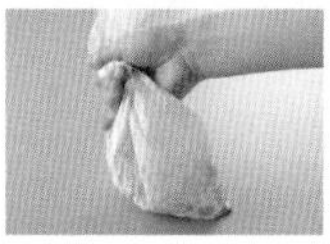

（鶏のから揚げ）
ビニール袋に小麦粉を入れ、軽くもむ

ポイント
粉は揚げる直前に！

④ 揚げる

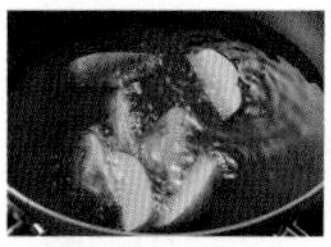

（カレーフライドポテト）
油を入れ、低温のうちにじゃがいもを揚げる

ポイント
じゃがいもは低温のうちに入れてOK！

（鶏のから揚げ）
じゃがいものとなりで、鶏肉を揚げる

ポイント
じっくり火を通し、最後に強火にすると、外側がカリッとした仕上がりに！

⑤ 味つけ

（カレーフライドポテト）
じゃがいもを取り出し、「コンソメ」、Ⓑで味をつける

ポイント
「コンソメ」を加えると、味がしっかりまとまる！

⑥ あえる

（きゅうりの味ごまあえ）
「味の素®」、Ⓒであえる

盛り付けポイント

ご飯を弁当箱の半分ほど詰める。ご飯のとなりに、鶏のから揚げ、ポテト、汁気をきったあえものを詰める。お好みでご飯に、ふりかけをかける。あえものはカップに入れて、汁うつりを防いで。

ふりかけの作り方
「味の素®」7ふり、青のり小さじ1、いり白ごま小さじ1・1/2、砂糖小さじ1/2、「瀬戸のほんじお」少々

画像提供：味の素株式会社

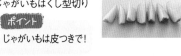

誰もが抱える悩みをパパッと解決！

福田貴一先生の福が来るアドバイス

一番大切なのは「問いを理解して、正しく答える」こと

早稲田アカデミー
本社運営部長
福田　貴一

問われていることに対して正しく答えなければ、たとえ考え方が合っていたとしても〝マル〟はもらえません。たとえば、算数で「A君の速さを求めなさい」という問題に対して〝B君の速さ〟を答えてしまうと不正解です。しかし、小学生の段階では、〝問題の読み間違い〟をよくしてしまうのです。そこで今回は、そのようなミスの減らし方について考えてみましょう。

問われていることをきちんととらえるために

小3・小4くらいまでの授業では「問われていることに線を引く」という指導を行うことがあります。たとえば、算数の「父の年令が私の年令の7倍だったのは、今から何年前ですか」という問いであれば〝今から何年前〟の部分に、国語の「傍線部に〝日本人は…という傾向をもっている〟とありますが、日本人がそのようになったのはなぜですか」という問いであれば〝日本人がそのようになったのはなぜですか〟の部分に線を引かせるわけです。このような練習を積むことで、自然に問われていることが何かを意識するようになっていきます。

また、お子様から質問を受けたときに「問われていることは何？」というところから始めてみるのもひとつの方法です。何が問われているかを考えていく過程で、正解にたどり着く道筋が見えてきます。

「問いを理解すること」＝「出題意図を理解すること」

「何が問われているのか」ということをしっかりと意識できるようになると、次に「何を答えさせようとしているのか」ということを考えるようになります。中学入試の問題を解くにあたって、このことはとても重要なポイントです。言い換えれば、その問題を作成した出題者の意図を理解するということになります。この考え方ができるようになってくると〝難しい〟と言われる問題に対しても、自分で切り口が見つけられるようになっていきます。

国語の記述などでは、中学校によって求められる力は異なります。同じような内容の問題でも制限字数が倍くらい違うということもよくあります。少ない字数で書かせる学校は端的に表現する力を、多く書かせる学校はしっかりと記述する力を求めているのです。話は少しそれますが、小6受験生に入試過去問題を解かせる目的はここにあります。その学校の出題意図（何を答えさせる問題が多いのか）を事前に把握しておくことで効果的な学習ができるのです。

難関校入試の記述問題において、過去問集の模範解答のような完璧な記述を書き切ることは難しいと思います。そもそも自分の意見を述べさせるような問題の場合、正解はひとつではないこともあります。しかし、完璧な解答を書くことは難しくても、出題者の意図に沿って考えることができ

ていれば、部分点をもらえる解答は作ることはできます。

「なぜですか」という問題

国語・理科・社会の記述問題に、〝理由を問う〟というものが良く出されます。「○○なのはなぜですか」「▲▲の理由を答えなさい」というタイプの設問です。このタイプの問題は、答えなければならない内容がひとつだけではないことがよくあります。理科や社会などであれば、複雑な因果関係をきちんと整理し、理解できているかを確かめるという意図があるのでしょう。たとえば社会の入試問題で「2060年の日本の人口は8700万人になると言われています。この数字についてあなたは〝望ましい〟と思いますか。それとも〝望ましくない〟と思いますか。理由を含めて答えなさい」というようなものがありました。解答を書きはじめる前に、考えなければならない項目が非常に多岐にわたる問題です。日本という国の現状、人口減少が及ぼすさまざまな影響…。もちろん小学生の段階ですべての要素を考慮して、採点者を納得させる記述を書くのは難しいでしょう。しかし、自分が出した結論（望ましい、または、望ましくない）の根拠となる事柄をいくつも考えたうえで、解答をつくっていかなければなりません。

私は「理由を問われたら二段階は考えてみましょう」と生徒に話しています。直接的な一段階目の理由、そしてその背景となる二段階目の理由、そこまで考えて必要な内容を記述するように指導しています。出題者がその問題で何を答えさせようとしているのかをきちんと把握し、それに対して適切な内容を記述するように、ということです。

精神的に成長していれば、出題者の意図を読むことができる

〝学力や能力〟よりも〝精神的な成長度合い〟の方が中学入試の結果に大きく影響を及ぼすと言われることがあります。それは、この〝出題意図の理解〟という点によるところが大きいと思われます。設問の裏に隠された出題意図を読み取るためには、精神的にある程度成長していることが必要です。選択肢問題には、俗にいう〝ひっかけ〟が隠されていることがありますが、精神的に成長している生徒は、普通の小学生であれば素直にひっかかってしまう、その〝ひっかけ〟を見破ることがあります。逆に言えば、出題者の意図を読み取る訓練を続けることで、精神的な成長を促すこともできるようになるわけです。

日常会話を通じてできるトレーニング

問われていることを理解し、その裏に隠された出題意図がつかめれば、あとはそれに対して正しく答えるだけです。ここでポイントになるのは、まず、シンプルに考えてみるということです。国語の記述などであれば、問われていることに対してはじめに核となる答えを考えて、そこに肉付けをしていくという流れです。この考え方は、テストの解答をつくるときだけではなく、日常会話の中でも練習ができます。

たとえば、「あなたが一番大切にしているものはなんですか?」という質問に対して、「ボールペン」という答えを頭の中で用意したとします。ただ、それだけでは〝なぜ大切なのか〟ということがわかりませんから、その理由がわかるように言葉を増やしていくようなイメージです。「大好きなおばあちゃんから、小学校への入学記念にもらったボールペン」…そんな答えができれば合格です。

このようなご家庭での何気ない日常会話においても、〝何を聞かれているのか〟を意識することで、正しい記述を書くトレーニングになるのです。

目指せ美文字！

正しい鉛筆の持ち方で きれいな文字を書こう！

「文字がきれいに書けない」「子どもの鉛筆の持ち方が気になって…」
「子どもにはシャープペンシル持たせない方がいいのかしら…」
こんな悩みを持つお子さんや保護者の方は多いのではないでしょうか。
今回はそんな悩みの解消に向けて、三菱鉛筆株式会社の神崎由依子さんに
「鉛筆の持ち方」についてお聞きしました。

三菱鉛筆株式会社
神崎 由依子さん

みんなが使っている「鉛筆」について

鉛筆は何の木を使っているの？

多くの鉛筆に使われているのは「インセンスシダー」という名前の木です。ヒノキの一種で、アメリカのカリフォルニア州で育ったものを使っています。

ちなみに1本のスラット（写真下）から6〜10本の鉛筆を作ることができます。

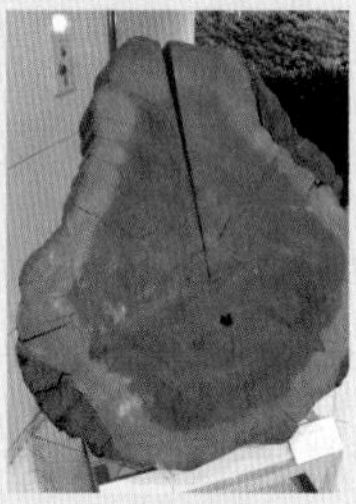

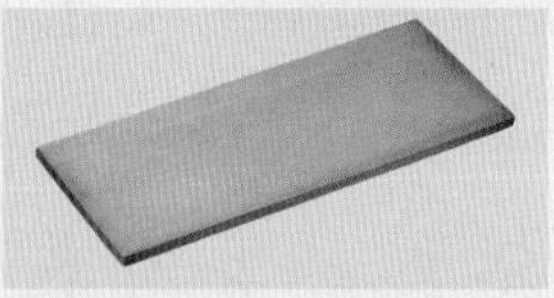

インセンスシダー（上）を加工し、
スラット（下）と呼ばれる板にします。

鉛筆の「H」や「B」の記号ってどういう意味？

鉛筆の「H」、「B」という記号は、芯の濃さとかたさを表します。Hの数字が多いほどうすくかたい芯となり、Bの数字が多いほど濃くやわらかい芯となります。

10Hから10Bの
22種類ある
三菱鉛筆の
ハイユニアートセット

色鉛筆と鉛筆の違い

色鉛筆の芯は粘土を使わず、色を出すための顔料(がんりょう)や染料(せんりょう)を使います。粘土の代わりにタルク、ロウ、のりなどを使って固めていきます。

鉛筆は黒鉛と粘土を焼いてかためますが、色鉛筆は焼かないので、鉛筆の芯よりもやわらかくなります。

鉛筆の芯って何でできている？

鉛筆の芯は黒鉛（こくえん）と粘土で作られています。粘土が多くなればなるほど、鉛筆の芯はかたくなります。HBと呼ばれる芯は、黒鉛7：粘土3の割合で作られます。

鉛筆の芯の原料である粘土（左）と黒鉛（右）

鉛筆で文字を書いたり、消したりできる理由

紙にあたった所から鉛筆やシャープペンシルの芯が少しずつくだけ、くだけた芯に含まれている黒鉛が紙にくっつき、文字を書くことができます。

消しゴムで文字が消せるのは、紙にのっている黒鉛の粒が消しゴムの表面にくっつくからなんです。

鉛筆・ペンのQ&A

Q.一本の鉛筆でどのくらいの距離が書けるの？

A.機械で実験したところ、芯を全部使うと約50kmの線を引くことができます。鉛筆は芯がなくなるまで使うことができるので、鉛筆ホルダーを使って、ぜひ最後まで使ってみてください。

Q.10Hや10Bなどの鉛筆はどんな時に使うの？

A.10Hなどの非常にかたい鉛筆は主に建築士など専門の職業の方が使います。反対に、10Bといった芯のやわらかい鉛筆は、主にデッサンなどで絵を描く美術関係の職業の方が使用します。普通に文字を書くだけであれば、HB、H、B、2Bの鉛筆でも充分ですが、もし機会があれば使ってみてください。

Q.シャープペンシルの芯が出てこなくなるのは何で？

A.芯が出てこなくなる原因として、「ペン先から芯の補充を行った場合」や「芯の太さが合わない場合」などが考えられます。特に、シャープペンシルは、使用できる芯の太さが決まっているので、しっかりとペンに合った芯を使うようにしてください。

Q.インクがあるのにボールペンが書けなくなるのは何で？

A.ペン先に空気が入っていることが考えられます。ボールペンのインクはインク自身の重さでペン先に流れていきます。このため、ペン先を下に向けないで書くと、ペンの中に空気を巻き込み、ペン先とインクが離れてしまい書けなくなってしまいます。

必見！正しい鉛筆・ペンの持ち方

3本の指でバランス良く持つ

良くある間違った鉛筆の持ち方

よくあるのが、鉛筆を握りしめて持ったり、3本の指のうち、どれか一本の指に力が入っている持ち方です。バランスよく持つことにより、ペン先が動かしやすくなります。なお、薬指と小指は中指に沿って軽く曲げ、紙やノートを押さえるようにします。

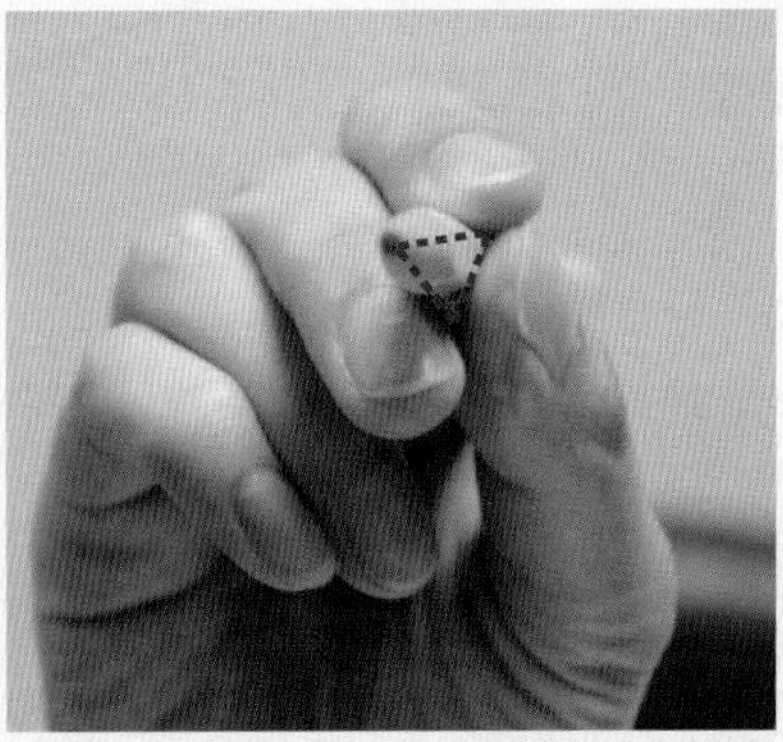

「3本の指」と「三角形」

「3本の指」と「三角形」

一番大切なことは、鉛筆やペンを持つとき、「親指」、「人差し指」、「中指」の3本の指でバランスよく持つことです。そして、写真（上）のような三角形を作るように持つことが理想的な持ち方とされています。

鉛筆の豆知識　鉛筆の形

鉛筆は六角形のものが一般的です。これは転がらないように、持ちやすいようにするためと言われています。なお、持ち方の練習用に三角形の鉛筆もあります。

一方、色鉛筆は丸い形のものが多くあります。これは鉛筆のように握って文字を書くだけでなく、絵を描くために使うので、色々な持ち方に対応できるように丸い形になっています。

子どもが使うのに適した鉛筆の濃さってあるの？

「鉛筆の濃さ」はお子さんの筆圧によって、字がうすかったり、反対に濃すぎたりする場合もあるので、色々と試してみて、お子さんに合った鉛筆の濃さを選ぶと良いでしょう。

一般的な鉛筆をもつところ

鉛筆はどのあたりを持つのがいいの？

一般的には、鉛筆の削り際から1cmぐらいのところを持つと良いと言われています。削り際だと、指に力が入りすぎてしまい、芯が折れやすかったり、文字を書く際に指が汚れてしまいます。

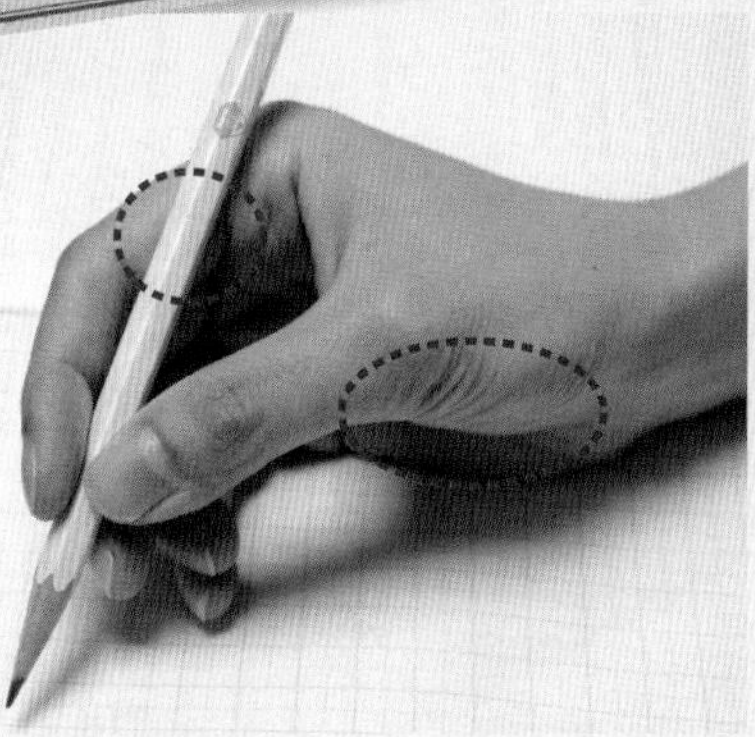

手首を固定して鉛筆を持つ

しっかりと手首を固定する！

文字を書くときは、机の上に手首をしっかりと固定させます。固定しないと、3本の指が安定せず、思い通りに鉛筆をコントロールすることができなくなります。

また、鉛筆を立たせすぎたり、寝かせすぎたりするのも良くありません。人差し指の第二・第三関節の辺りで支えるようにしましょう。

鉛筆とシャープペンシル、どっちを子どもに使わせるのがいいの？

まずは、正しい持ち方で、きれいな文字を書けるように「鉛筆」を使うと良いでしょう。筆記量が増える小学校高学年になると、鉛筆の芯を削るのが大変になるかもしれません。その場合には、シャープペンシルの方がいいと言えます。

小学生のみんなにおススメの文具

クルトガスタンダードモデル　0.7mm

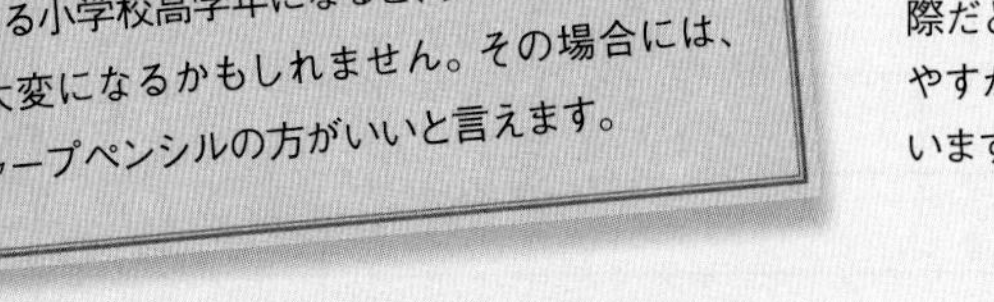

中高生に大好評の「クルトガ」は芯の「偏減り」をしないシャープペンシルです。そのクルトガが小学生用に芯を太く、折れにくいものになって11月14日より発売予定。

ナノダイヤ鉛筆

芯に黒鉛と粘土とともに、ナノダイヤモンドを配合。芯は折れにくく、さらに特殊なオイルをしみこませることで、筆圧が弱くても「黒く」、「くっきりとした」文字を書くことができます。

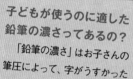

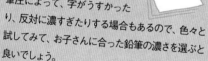

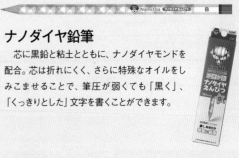

生　掲示板

帰国生を積極的に受け入れている学校紹介など、帰国後の入試や学習に関する情報を発信します！

帰国生受入れ校訪問記　渋谷教育学園幕張中学校

「自調自考」を最も大切な目標として掲げ、生徒の主体性を重んじながら日々進化を続ける渋谷教育学園幕張中学校をご紹介します。中学校開学と同時に帰国生入試を設け、現在も積極的に帰国生を受け入れているとともに、海外との文化交流にも力を入れるなど、国際的に開かれた学校です。多様な価値観を持つ人とふれあい、他者をも尊重する精神、行動力、そして判断力を身につける「感性」の成長をはかることも教育目標の一つです。今回は、入試対策室長の永井先生と国際部長の豊島先生に、帰国生入試と帰国生の学校生活の様子についてお話をお聞きしました。

渋谷教育学園幕張中学校

（千葉県／私立／共学校）

何事にもあきらめることなく、積極的に取り組むことのできる人間の育成を目指しています。精神の発達のプロセスに応じ、段階を踏んで、学びの大切さや楽しさを実感できる教育環境が整っている学校です。

〒261-0014 千葉県千葉市美浜区若葉1-3
（JR京葉線 海浜幕張駅 徒歩10分）
TEL:043-271-1221
URL:http://www.shibumaku.jp/

■受け入れのきっかけ～学校生活の様子

壹岐　貴校が帰国生の受け入れを積極的に行っている理由を教えていただけますか。

豊島先生　子供は保護者の仕事の都合で海外に行き生活をしたのであり、本人の都合ではありません。そのような事情で海外に行った生徒に対して進学の機会を提供することは、私学の役割だと考えています。また、学校に通う生徒が様々な考え方やそれぞれ違った経験をしてきたということは、結果として生徒の多様性を促進することになります。日本国内で生活してきた生徒やアメリカなどの海外で生活してきた生徒が同じ学校に通うことで、お互い良い影響を与え合っています。

壹岐　入学された帰国生に見られる傾向などはありますか。

永井先生　クラスの中に帰国生が10名近くいると、帰国生や一般生などといった区分は関係なく、アイデンティティを認め合っています。互いに認め合うのは普通のことで、一緒にいても、誰が帰国生かなどとは意識しません。敢えて言えば、国際関係系の活動をする生徒の中では、帰国生の割合は高いですね。

早藤　日常から英語を使う場面も多くありますか。

永井先生　学校行事の多くが、バイリンガルで行われている影響から、例えば下校時の校内放送なども、日本語で話した後、英語でも話すという雰囲気があります。これは教師からの指示ではなく、いつの間にか生徒が自然に始めたのですよ。また、昼休みには一般生がセミナー教室を使い、外国人講師とイングリッシュサークルを開き、英会話を楽しんでいます。そのくらい本校では日常に英語があふれています。

■授業～進路について

壹岐　英語は取り出し授業を行っているそうですが、他の科目はいかがですか。

豊島先生　数学と国語では、週に3時間ずつ希望制で帰国生の取り出し授業をしています。この取り出し授業は、レギュラーの授業に追いつけるようにすることが目的ですから、戻れる段階になったらレギュラーの授業に移します。数学・国語以外の科目では、授業担当者が個別に生徒の理解度に応じて補習を行っています。生徒の自主性を尊重し、一律に帰国生だから補講を行うということはしていません。

壹岐　近年、東大や海外大学への進学実績が伸びていますね。

永井先生　大学進学実績を伸ばすための教育ではなく、きちんと子供たちと向き合い、子供たちの実態に即した指導をしてきたことが、結果として実績につながっているのだと思います。海外留学や留学生の受け入れ、そして外国人や社会人講師、海外との文化交流など国際的に開かれた学校ですから、進路を考える上で、自然と海外大学も選択肢の一つとすることができるのでしょう。

■帰国生入試の対策

壹岐　入学試験の英語の難易度はどれくらいのレベルでしょうか。

豊島先生　筆記試験はアメリカの現地校で小学6年生が受けている授業のレベルを想定しています。エッセイでは、自分の考えを論理立てて構成できているかに注目します。単に分量が多い答案や、自分の考えだけを述べただけの答案では高得点は取れないようになっています。面接では、事前に提出してもらうエッセイに書かれた事柄について、受験生自身がどれだけより深く考えているかを尋ねる質問をします。

永井先生　本校の帰国生入試の採点担当者は、本当に1枚1枚丁寧に熱心に受験生のエッセイを見ているのですよ。細かいところまで時間をかけてよく見ています。

壹岐　リスニングではどのような内容が出題されますか。

豊島先生　単なる日常会話ではありません。レクチャー形式の内容を多く出題します。

早藤　試験の配点は割合としてどの程度でしょうか。

豊島先生　筆記、エッセイ、面接、それぞれの分野を総合的に判定し、その子の持っている力をよく見たいと思っています。

壹岐　これから貴校を受験しようとしている生徒・保護者へ、先生から一言お願いします。

豊島先生　英検やTOEICとは異なった視点から出題しますので対策は簡単ではありませんが、できるだけ多くの書籍を読むと良いでしょう。フィクション／ノンフィクションにこだわらず本をたくさん読んで、読む力を鍛えてきてください。エッセイの書き方を書き記した書籍もアメリカでは出版されているので、そのような本を読んでエッセイを書く練習をすると良いです。

お話　渋谷教育学園幕張中学校　入試対策室長　永井　久昭先生
国際部長　豊島　幹雄先生

取材　早稲田アカデミー教育事業推進部国際課　壹岐　卓司
早藤　奈保子

帰国生入試情報と合格実績

2015年度 帰国生入試情報

募集人数	出願期間	試験日	合格発表日	選考方法
男女 約20名	2014年12月8日(月)～2015年1月5日(月)	2015年1月20日(火)	2015年1月24日(土)	英語（筆記・リスニング・エッセイ）面接（英・日本語）

帰国生入試結果

年度	募集人数	受験者数	合格者数	入学者
2014	約10名	109名	34名	22名
2013	約10名	71名	37名	25名
2012	約10名	78名	34名	20名

※出願資格などは必ず募集要項や学校のホームページをご確認ください。

2014年度 大学合格実績

国公立大	合格者数	私立大	合格者数
東京大学	48名	早稲田大学	157名
京都大学	4名	慶應義塾大学	136名
東京工業大学	6名	上智大学	41名
一橋大学	12名	東京理科大学	94名
東京外国語大学	8名	明治大学	80名

※大学合格実績は全卒業生のもので、帰国生のみの実績ではありません。

海外・帰国相談室

このページに関する質問はもちろん、海外生・帰国生の学習についてなど、ご不明点がございましたらホームページからお気軽にお問い合わせください。
「トップページ」→「海外子女・地方生」→「資料請求」（自由記入欄に質問内容をご記入ください）

海外の学習体験談や
海外各都市の塾情報など、
海外での学習に役立つような
情報を発信します！

海外生&帰国

海外でがんばる先生 in ニューヨーク

現在海外の学習塾で勉強を教えている先生も、海外赴任当初は不安がありました。今回は、教育者の視点からみた、海外の子供たちの様子や、自身の家庭での教育方針など、海外での教育や生活にまつわる話を伺いました。

樋田《といだ》　悟《さとる》先生

早稲田アカデミー柏校、新浦安校での通算約7年間の勤務を経て、2014年春よりニューヨークの学習塾「VERITAS ACADEMY」へ赴任。小学2年生～中学3年生までの各クラスを担当している。英語の指導をメインとし、英検対策の授業なども受け持つ。

ニューヨークってどんな都市?

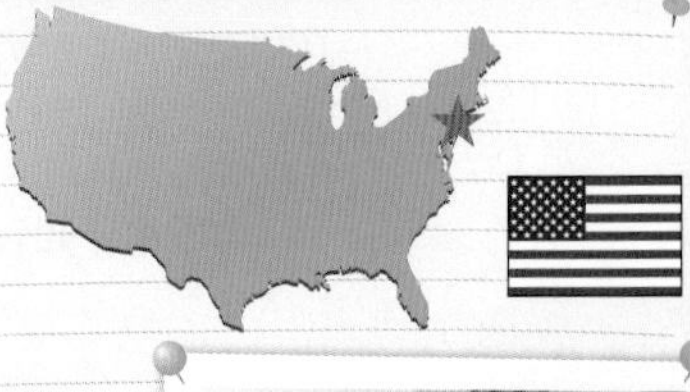

■都市名:ニューヨーク（ニューヨーク州／アメリカ）
■公用語：英語
■人口：約1900万人（都市圏）
■気候：日本の青森とほぼ同じ緯度。四季があり、夏は暑いが湿度が低い。春秋が短い。

世界最高水準の世界都市、金融センターであり、世界の商業、文化、ファッション、エンターテイメントなどに多大な影響をお呼びしている。国際連合本部の所在地。

■新しいことに挑戦したいと思い、ニューヨークへ赴任しました。

学生の時にカナダへ留学した経験がある樋田先生。元々海外志向は強かったそうなのですが、なにより「新しいことへ挑戦したい」という気持ちが後押しし、ニューヨークの学習塾「VERITAS ACADEMY」で勤務することになりました。様々な科目を受け持つなかでも、担当する科目は「英語」がメイン。英検対策授業も担当しています。「英語圏で英語を教える」ということは、英語講師としてのスキルアップにつながるという考えもあり、日々授業に邁進されています。

渡米は経験済みだったという先生ですが、住むとなると、生活面で「食」には困ったそうです。日本食もあるそうなのですが、日本の日本食とは味が違うそうです。英語が堪能なため、コミュニケーションには困らず、何でも揃っているニューヨークですが、治安面には不安もあるとのことです。

■授業では、生徒に発言させることを大事にしています。

１クラス10名程度で授業を行っているVERITAS ACADEMY。通う生徒は、現地校に通う生徒が多いそうです。通っている生徒の８割は受験勉強を目的としていますが、現地の高校や大学へ通うための補助学習のために通塾する生徒もいます。

大体の生徒は英語力が高いため、他教科も含めた「１週間の時間の使い方」についても日頃指導しています。また、英語力が高いといっても、設問の条件を無視して解いたり、細かい所まで注意して解かない生徒も多いため、受験の英語についてきちんとした指導が必要だそうです。「日本語の能力向上のため、授業では発言をさせています。ちょっとした説明のなかにでてくる日本文化についても知らないことが多い。そのため、発問形式にして、日本文化について触れ、教えることも大切にしています。」

■夢を自らつかみに行ける子に育ってほしい。

授業を通じ、ニューヨークに住む日本人の子供たちに触れて、約半年が経ちました。「ここの子供たちは、優秀な子が多く、良く言えば素直だし、悪く言えば世間知らずかもしれません。今までの海外生活で外国人であるという疎外感を味わっているから、空気を読もうとする生徒が多いと感じています」と、樋田先生。

「日本でもここでも、常に思っていることですが、受験を通して子供は成長していきます。この先、留学や何かの壁にあたった時、自ら手を挙げられる人に、夢を自分でつかみに行ける人になって欲しい」―。受験に向け、励む先生と生徒の姿が目に浮かびます。


【樋田先生からのアドバイス】

ニューヨークは、何でも揃っていて過ごしやすい環境です。英語担当の立場としては、せっかくのニューヨーク生活ですから、学校選びでは、日本人学校より現地校をお勧めします。日本人学校でも英語力は身に付きますが、現地での生活を体験し、学校のアクティビティなどを通じて、物おじすることなくコミュニケーションがとれるようになります。現地校の課題などもサポートしているので、是非挑戦してみて下さい。

VERITAS ACADEMY ニューヨーク校

【対象・設置クラス】
●小学生コース：小１～小６　●中学生コース：中１～中３
●高校生コース：高１～高３　など

ハリソンに校舎を構え、小学Ｉ年生から高校生までを対象に、現地校との学習の両立に配慮した指導を行っています。

【電話】+1-914-698-1100
【メール】ghnyct@nyveritas.com
【URL】http://www.nyveritas.com/
【住所】1600 Harrison Ave Suite 103 Mamaroneck, NY 10543

※お問い合わせは直接上記、または早稲田アカデミーホームページまで

サクセス研究所

もっと知りたい！

チンパンジーの魅力

チンパンジーと人間の遺伝子は、98%が同じだということを知っていましたか？
からだの特徴や、生活スタイルなど、まったく異なる部分もありますが、
わたしたち人間と似ているところもたくさんあります。
今回は、知れば知るほど興味深い特性を持った、チンパンジーの魅力に迫ります。

教えていただいたのは、『多摩動物公園』でチンパンジーの飼育を担当されている島原 直樹さん、廣瀬 格さん、牧村 さよ子さんです。

チンパンジーのからだ

チンパンジーはアフリカ大陸に生息する霊長目《れいちょうもく》ヒト科の動物です。全身黒い毛に覆われ、肌は子どものときは薄い色をしていますが、おとなになるにつれて黒くなっていきます。

生活

チンパンジーは、木の上と地上の両方で生活をしています。たとえば、同じサルの仲間でも、ゴリラは時々木に登ることもありますが、一日の大半を地上で過ごします。また、オランウータンは、ほぼ100%木の上で生活をしています。チンパンジーは、ゴリラとオランウータンの中間のようなかたちで、休むときは木の上に登りますが、移動の際には驚くような速さで地上を走ることができます。

食事

チンパンジーは植物質に偏った雑食で、果物を中心に植物の葉や昆虫など、いろいろなものを食べます。野生のチンパンジーは時々狩りをして、獲物の肉を食べることもありますが、動物園での食事は果物と野菜が中心となります。

チンパンジーと道具

チンパンジーはとても頭がよく、しかも手足を器用に動かすことができるため、さまざまな道具を使いこなします。多摩動物公園には、チンパンジーの知能の高さがわかる道具がたくさん設置されています。

ナッツ割り

噛む力が強い若いチンパンジーは、木の実を噛んで割ることができますが、子どもや高齢のチンパンジーはなかなか割ることができません。そこで、ナッツを石の台の上に乗せ、ハンマーで叩いて割り中身を取りだして食べます。ナッツを割る際には、力を入れすぎて粉々になってしまわないように力を調整しています。

ハンマーを使って
ナッツを割る様子

UFOキャッチャー

UFOキャッチャーと呼ばれる透明なケースの中には、細かく切った野菜や果物が入っています。チンパンジーはその野菜や果物を、小さな穴から棒を差し込み、真ん中にあいた穴に落として手に入れます。チンパンジーは枝についた余分な葉や細かい枝を取り除くなどして、自分が使いやすい棒を作っています。

UFOキャッチャーに棒を
差し込むチンパンジー

自動販売機と空き缶回収機

多摩動物公園には、チンパンジー専用のジュースの自動販売機と、空き缶回収機があります。チンパンジーは、用意されたコインを入れてボタンを押し、缶ジュースを手に入れます。そして、ジュースを美味しそうに飲んだあと、飲み終わった缶を自動販売機の隣の空き缶回収機に入れます。すると、新しいコインが出てくるので、そのコインでもう一度ジュースを飲むことができます。

自動販売機で手に入れたジュースを飲む様子

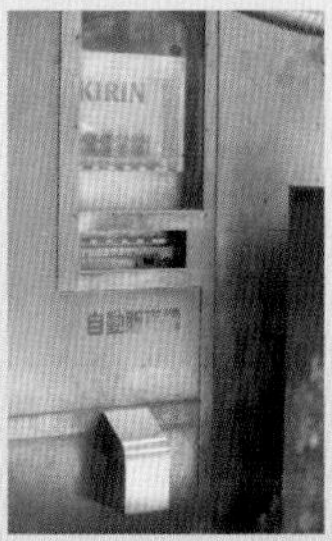

チンパンジー専用の
自動販売機

しかし、すべてのチンパンジーがハンマーを使ってナッツを割ったり、自動販売機を使ったりできるわけではありません。新しい道具が設置されると、強い興味を持ったチンパンジーが使いはじめます。そして成功したチンパンジーがあらわれると、それを見た周りのチンパンジーが真似をして、新しい道具はだんだんと広まっていきます。もちろん、チンパンジーの中にも、新しいことをすぐに覚えてしまうチンパンジーもいれば、なかなか使えるようにならないチンパンジーもいます。私たちヒトの社会と同じように、器用だったり不器用だったりと、いろんな個性を持ったチンパンジーがいるのです。

チンパンジーの社会

リーダーの存在

チンパンジーは、群れの中で生活をしています。群れの中にはリーダーが存在し、上から下まで順位づけがなされています。順位を決める要素は、力の強さや体の大きさ、リーダーシップの有無など、多岐にわたります。リーダーは、群れの中でのケンカやいじめなどのトラブルの仲裁に入り、群れを統制します。一時的にリーダーが不在になった場合には、群れは不安定になり、群れの仲間同士の争いなどが起きやすくなります。チンパンジーの社会では、群れの秩序を守るために、リーダーはとても重要な役割を持っているのです。

あいさつ

群れで暮らすチンパンジーにとって、「あいさつ」は大事なコミュニケーションです。その方法は、声を出しながら近づく、体の一部分にさわるなど、さまざまです。あいさつは、立場の弱いチンパンジーから、自分よりも強いチンパンジーに対しておこなわれます。強いチンパンジーは、弱いチンパンジーがあいさつをしやすいように、近くへと促すこともあります。しかし、相手の状況を考えずにタイミング悪くあいさつすると、冷たくされてしまうこともあります。

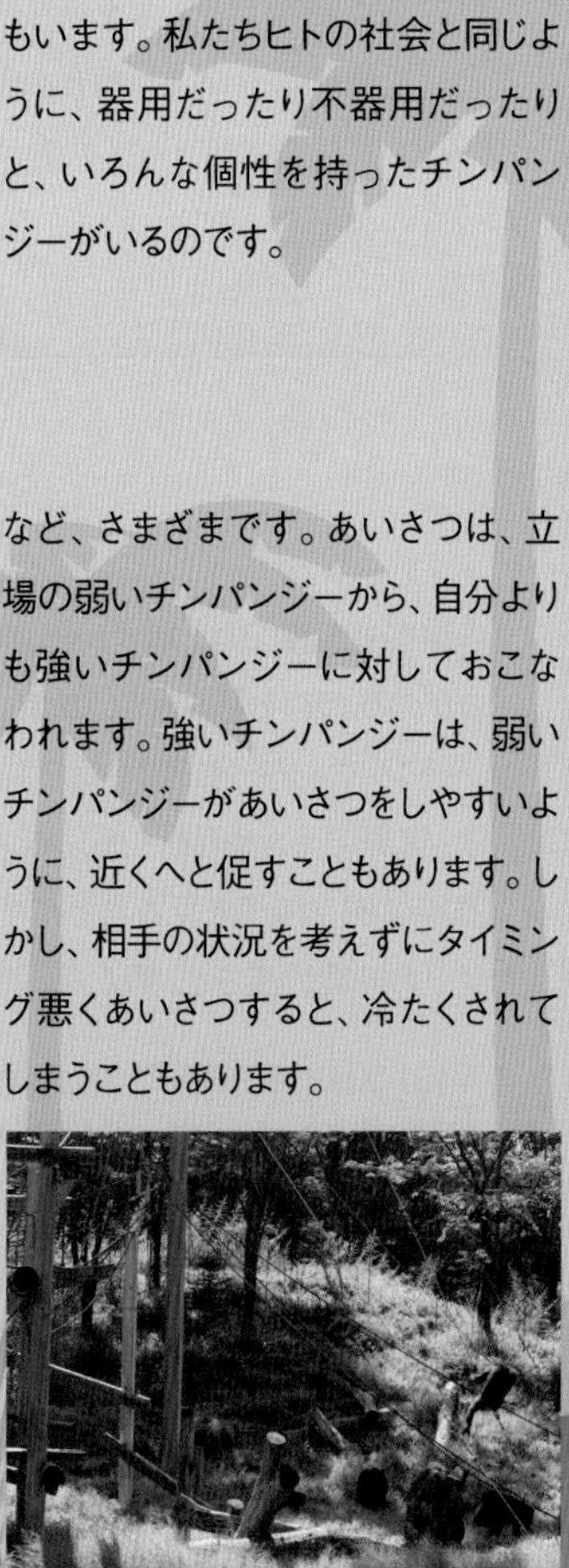

飼育員さんに聞いたQ&A

Q チンパンジーも虫歯になるの？

A　ヒトと同じようにチンパンジーのおとなには32本、子どもには20本の歯が生えていて、虫歯になることもあります。よほどひどい場合には治療をしますが、きちんとした食生活をしていれば大事になることはありません。

Q チンパンジー同士で毛づくろいをしているのをよく見るけど、どんな意味があるの？

A　毛づくろいをすることを「グルーミング」といいます。グルーミングは相手のからだについたごみや汚れを取るだけでなく、友好の気持ちをあらわすものでもあります。ときには、弱いものが強いものへごますりの意味でおこなったり、ケンカのあとに仲直りの意味でおこなわれたりもします。また、母親が子どもに対しておこなうグルーミングには愛情の意味がこめられています。このようにチンパンジーの毛づくろいは、さまざまな意味があるのです。

グルーミングをする親子

Q チンパンジーの子どもは、お母さんに性格が似てくるもの？

A　親子で性質が似ることはあります。神経質な親の子は神経質に、わがままな親の子はわがままになることがあり、また、群れの中での親の地位が、子どもに影響するケースも多いです。

Q チンパンジーを飼育する上で、大変なことはどんなこと？

A　チンパンジーの健康状態を保つために、毎日のチェックには特に気をつかっています。ケガや病気は早期発見が大切なので、日々の行動をしっかりと観察し、ちょっとした変化にもすぐに気がつけるように心がけています。

多摩動物公園

多摩動物公園では、緑がいっぱいの広い敷地の中で、たくさんの動物たちがのびのびと暮らしています。

チンパンジー舎では、毎日13：30から飼育係の方のお話を聞きながら、実際のえさやりや、チンパンジーがＵＦＯキャッチャーなどの道具を器用に使う様子を見ることができます。じっくり観察すれば、チンパンジーの知能の高さと、豊かな個性がわかるはずです。

〒191-0042 東京都日野市程久保7-1-1　TEL／042-591-1611
開園時間／9：30～17：00（入場券の発売は16：00まで）
休 園 日／水曜日、年末年始　※開園時間と休園日は変更になる場合があります。詳細はHPを確認してください。
入 園 料／一般 600円、65歳以上 300円、中学生 200円、小学6年生まで 無料
※都内在住・在学の中学生は無料です。
アクセス／電車…京王線、多摩モノレール「多摩動物公園駅」より 徒歩1分
自動車…中央自動車道「国立府中ＩＣ」より 約20分
http://www.tokyo-zoo.net/zoo/tama/

難関中高大へ圧倒的な合格実績を誇る早稲田アカデミーの個別指導

【早稲田アカデミー個別進学館】と【MYSTA】

一人ひとりの個性や夢、目標に合わせてカスタマイズできる【早稲田アカデミー個別進学館】と【MYSTA】

早稲田アカデミーは、ふつうの学力の生徒を『本気でやる子』に育てることにより、生徒自らが望む憧れの難関校合格を実現させることを第一の目的とする進学塾です。その結果として、毎年全国トップレベルの合格実績を残し、2014年入試においても表のような実績を挙げています。

そんな早稲田アカデミーが「より多くの子どもたちの夢や目標をかなえたい」と誕生させたのが進学個別指導塾、【早稲田アカデミー個別進学館】と【MYSTA】です。このふたつの進学個別指導塾に共通するのは、難関校へ圧倒的な合格実績を誇る早稲田アカデミーならではの教材と指導ノウハウ、情報を活用しながらも、生徒一人ひとりに合わせた指導を行うことです。また、どちらも最終時間が20時スタートなので、習い事・部活との両立や集団塾との併用も可能です。

早稲田アカデミー 2014年｜合格実績

御三家中 315名合格　早慶中 448名合格

武蔵中 2年連続 全国No.1 ｜ 早慶中 当塾史上 最高数更新 ｜ 早実中 12年連続 全国No.1 ｜ 早大学院 5年連続 全国No.1

●小6在籍者数、約4,000名からの実績です。
●No.1表記は2014年2月・3月当社調べ
●過去最高数表記は当社比較

3科最難関 14年連続全国No.1

早慶（二次）高 1431名合格　7校定員約1610名

5科最難関 全国No.1

開成高・筑駒高・筑附高 学大附（二次）高（内部進学含む） お茶附高 223名合格

都立最難関 2年連続No.1

都立日比谷高 78名合格

●No.1表記は2014年2月・3月当社調べ

昨年比アップ!!

東京大学 63名合格

過去最高数更新!!

早慶上智大 530名合格

高い合格率!!

GMARCH理科大 655名合格

在籍約1150名からの実績

早稲田アカデミー個別進学館 MYSTA ＝ **実績あるカリキュラム** × **講師の指導力** × **合格への情報量**

実績あるカリキュラム
教材は早稲田アカデミーの集団授業と同じものを使用。生徒一人ひとりの学習状況や志望校に合わせてカリキュラムを作成します。

講師の指導力
早稲田アカデミーと同じ指導ノウハウを取得した講師が勢ぞろい！生徒たちに"本気"で向き合うことで『本気でやる子』を育みます。

合格への情報量
毎年、難関校に数多くの合格者を輩出している早稲田アカデミーには膨大なデータが蓄積されています。その過去のデータと最新の情報をもとに進路指導を行います。

3つの学習コースのなかから目的や性格に合わせて選べる【MYSTA】

MYSTA 早稲田アカデミー 個別指導マイスタ

【MYSTA】の一番の特徴は、生徒の目的や性格に合わせて学習コースが選べることです。また、学習コース、受講科目や受講回数も月ごとに変更することが可能なため、効率良く実力をつけることができます。さらに、【MYSTA】では、生徒本人やご家庭の要望をヒアリングし、まず、入塾後1ヶ月間は見極め授業期間としてその条件にあう数名の講師が授業を担当。その後は、指名した講師による授業を受けることが可能です（SVコース・SRコースのみ）。

3つの学習コース ※いずれのコースも80分授業

SVコース　講師1：生徒1（完全個室）　超難関中高大受験指導
御三家中学、国立・開成高や早慶高、東大・早慶上智大合格を目指す人のためのコース。早稲田アカデミーが難関中高大受験に向けての指導システム・カリキュラム・教材を全面的にバックアップしています。

SRコース　講師1：生徒1（個人ブース）
学習の習熟度を徹底的に深めたい人や、遅れを一気に取り戻したい人のためのコース。一人ひとりの目的や成績に応じたきめ細かな指導を行います。

Rコース　講師1：生徒2（個人ブース）
「演習」と「解説」を繰り返すことによって、自ら考え、学ぶ姿勢を育てるためのコース。教わる時間と問題を解く時間を交互に繰り返すことによって、メリハリのある効果的な授業を行います。

MYSTA 早稲田アカデミー 個別指導マイスタ

お問い合わせ・お申し込みは
最寄りのMYSTA各教室までお気軽に!

渋谷教室	03-3409-2311	巣鴨教室	03-5394-2911	国分寺教室	042-328-6711
池尻大橋教室	03-3485-8111	平和台教室	03-5399-0811	戸田公園教室	048-432-7651
高輪台教室	03-3443-4781	石神井公園教室	03-3997-9011	新浦安教室	047-355-4711
池上教室	03-3751-2141	武蔵境教室	0422-33-6311	津田沼教室	047-474-5021

ここは、子育ての悩み相談や、ママ必見のレシピ紹介、
日々のちょっとした出来事など、
小学生のお子様を持つ、パパ・ママのための
意見交換の場です。
みなさまからの投稿おまちしています!

ぱぱまま掲示板

サクセス12の読者が作る「ぱぱまま掲示板」。

みなさまからいただいた投稿・アンケートをもとにしてお届けいたします。

お小遣いについて

あげるタイミング

平均額 500円

最高金額 700円

- 月に1回決められた日に。
- その都度、必要に応じて。
- お手伝いをしてくれた時。

低学年のうちは、お小遣いをあげていないというご家庭がほとんど。学年が上がるにつれて、お小遣い制になっているようです。

使い道ランキング

1位 文房具

2位 お菓子・飲み物

3位 本

小学生のうちからしっかり貯金をしている人もいて驚きました。お友だちの誕生日プレゼントという声もありました。

今夜のメニューはこれに決まり! 簡単メニュー

きのことほうれん草の和風パスタ

【材料】(3人分)
パスタ…300g
舞茸…1パック
えのき…1袋
しめじ…2/3パック
ほうれん草…3束
バター…8g
めんつゆ…大さじ2

【作り方】
① フライパンにバターをひき、舞茸・えのき・しめじ・ほうれん草をしんなりするまで炒める
② パスタをゆでる
③ ①にパスタを加え、めんつゆを回し入れる
④ 具材とパスタをよく混ぜ合わせる

おすすめの本

『水曜日の魔女』
(著者:ルース・チュウ)
不思議で面白い話なのでおすすめです。(東京都・セイラーさんより)

『思い出のマーニー』

(著者:ジョーン・ロビンソン)

話題にもなっているし、映画もおもしろかった。(東京都・進撃のミジンコさんより)

『時計の坂の家』

(著者:高桜 方子)

わくわく感や臨場感があって面白いです。文中の言葉も面白くておすすめです。(東京都・ともちんさんより)

『はとの神様』
(著者:関口 尚)
2人の視点から書かれているので、相手との思い違いなどがわかり、自分も相手の立場になって話そうと考えさせられました。(神奈川県・カロリーメイトジュニアさんより)

『くちぶえ番長』

(著者:重松 清)

父親を亡くし、母と二人で暮らすマコトの友だち思いなところや優しいところに、自分もやさしい気持ちになります。(神奈川県・ハーマイオニークレンジャーさんより)

『しっぽをなくしたイルカ』
(著者:岩貞 るみこ)
沖縄美ら海水族館の人工尾びれをつけたイルカのお話。実話で心があたたまる話です。(東京都・カレーさんより)

今月号のテーマ

今月号のテーマは4つ!1枚めくったFAX送信用紙にテーマを記入して、FAXもしくは封書・メールにて送ってください。

投稿大募集!

❶ 冬の行事

好きな冬のイベントは何ですか?おすすめのスポットなどもあれば教えてください。

例)昭和記念公園のクリスマスイルミネーション、北海道雪祭り など

❷ 風邪予防

風邪をひかないように、気を付けていることはありますか?

おすすめの対策もあれば教えてください。

❸ 資格

将来、お子様に取得してほしい資格は何ですか?

理由も合わせて教えてください。

❹ 自慢のペット

お家で飼っている犬や猫を紹介しませんか?インコや熱帯魚なども大歓迎!写真と名前、簡単なエピソードを添えて送ってください。

※写真はメールか郵送で送ってください。

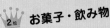

クイズ

①〜③の□の中に共通する漢字を１字入れて、四つの熟語を完成させよう！
□に当てはめた漢字を並び変えると何という四字熟語になりますか？

①			②			③							
	世			新			腕						
時	□	表	見	□	手	名	□	後	→	□	□	未	□
	理			耳			方						

● 9･10月号正解／十返舎一九

クイズに答えて
プレゼントを
もらっちゃおう！

プレゼント

正解者の中から抽選で以下の商品をプレゼント!!

キャンパスノート5冊セット　20名様

何かと必要になるノートは常備しておきたいもの。

5冊セットで20名様にプレゼントします！

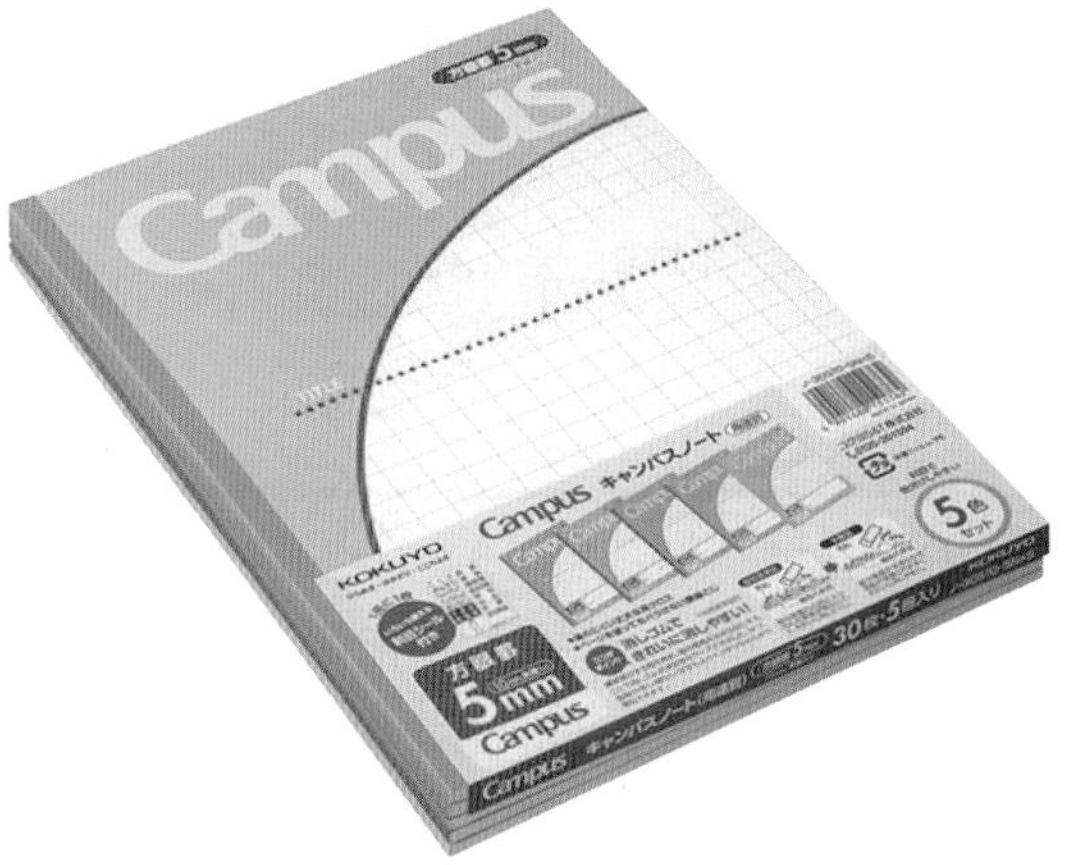

商品問い合わせ先：コクヨS&T株式会社　お客様相談室TEL.0120-201-594
※写真はイメージです。実物とは異なる場合があります。

応募方法

●FAX送信用紙で
裏面にあるFAX送信用紙に必要事項をご記入のうえ下記FAX番号にお送りください。

FAX.03-3590-3901

●メールで
success12@g-ap.com

●バーコードリーダーで
携帯電話・スマートフォンで右の画像を読み取り、メールすることもできます。

●ハガキ・封書で
クイズの答えと、住所、電話番号、氏名、お通いの塾・校舎などをご記入いただき、下記宛先までお送りください。また、裏面のFAX送信用紙に記載されているアンケートにもお答えください。

今月号のテーマへの投稿、サクセス12への感想もお待ちしています。

宛先／〒171-0014　東京都豊島区池袋2-53-7
早稲田アカデミー本社広告宣伝部
『サクセス12』編集室

【応募〆切】
2014年11月30日（日）
当選者の発表は、プレゼントの発送をもってかえさせていただきます。

サクセス12　11・12月号　vol.51

編集長
喜多　利文

編集スタッフ
廣瀬　かおり
岡　清美
太田　淳
生沼　徹

企画・編集・制作
株式会社 早稲田アカデミー
サクセス12編集室（早稲田アカデミー 内）
〒171-0014 東京都豊島区池袋2-53-7

編集後記

高い目標を持ち、そこに向かって努力することで自分の未来を切り開いていく。私たち人間だけに与えられた素晴らしいことです。ただ、その高い目標に到達するためには、多くの壁を乗り越えていかなければなりません。そんなときに必要なのが、「自分の力で絶対に乗り越えるんだ！」という強い意志です。計算練習や知識事項の暗記など、ともすると単調で退屈な勉強は、サボってしまいたいと思う日もあるでしょう。しかし、全ての勉強は第一志望校合格に繋がっているのです。目標を見失うことなく、一歩一歩前進していきましょう！

FAX送信用紙

※封書でお送りいただく場合もご使用ください。

クイズの答え

□□未□

氏名（保護者様）

（ペンネーム　　　　　　　　　　　　　　　　　　）

氏名（お子様）

（ペンネーム　　　　　　　　　　　　　　　　　　）

学年

現在、塾に

通っている　・　通っていない

通っている場合

塾名

（校舎名　　　　　　　　　　　　）

住所（〒　　　　-　　　　　）

電話番号

（　　　　　　）

面白かった記事には○を、つまらなかった記事には×をそれぞれ3つずつ（　　）内にいれてください。

（　）04　ロケット開発に夢を乗せて
（　）08　早稲田アカデミー主催 夏休み特別講義
（　）10　Premium school　桜蔭中学校
（　）16　アクティ&おかぽんが
『キユーピー五霞工場』に行ってきました！
（　）18　聞いてビックリ知って納得
都道府県アンテナショップ探訪　富山県
（　）20　お仕事見聞録
ヤマト運輸株式会社　広告宣伝担当者
服部 亮太さん
（　）24　6年後、夢をかなえる中学校「夢中」
獨協中学校
（　）26　Close up!!　東海大学付属相模高等学校中等部
（　）30　公立中高一貫校リポートvol.27
埼玉県立伊奈学園中学校
（　）34　全員集合 部活に注目！
城北中学校「少林寺拳法部」
（　）36　GO!GO!志望校　第17回
渋谷教育学園幕張中学校「槐祭」
（　）40　私学の図書館～ただいま貸し出し中～
（　）46　子どもを伸ばす子育てのヒント③
ありのままに子どもを見ることが大事
（　）50　親と子の悩み相談コーナー
（　）51　子どもたちは今　保健室より
（　）52　子どもの長引く咳にはどういう対応が必要か
（　）54　インタビュー
高橋智隆［ロボットクリエイター］
（　）58　子どもの本の世界　山本省三［絵本作家］
（　）60　レッツ何でもトライ⑰
みらいの学校を体験しよう！
（　）70　大人も子どもも本からマナブ
（　）74　森上展安の中学受験WATCHING
（　）80　NEWS2014「デング熱」
（　）84　熟語パズル・問題
（　）88　親子でやってみよう！ 科学マジック
（　）91　熟語パズル・解答
（　）94　学ナビ！　佼成学園女子中学校
（　）95　学ナビ！　立正大学付属立正中学校
（　）96　疑問がスッキリ！ 教えて中学受験Q&A
（　）102　この問題解けるかな？
（　）108　中学受験インフォメーション
（　）113　忙しいママ必見！クラスのアイドル弁当
（　）114　福田貴一先生の福が来るアドバイス
（　）116　目指せ美文字！
正しい鉛筆の持ち方できれいな文字を書こう！
（　）118　海外生・帰国生に関する教育情報
（　）120　サクセス研究所
（　）126　ぱぱまま掲示板
（　）127　クイズ・プレゼント

募集中

テーマ（　　　　　　　　　　　　　　）　126ページよりお選びください。

FAX.03-3590-3901　FAX番号をお間違えのないようお確かめください

サクセス12の感想

中学受験　サクセス12　11・12月号2014

発行／2014年10月31日 初版第一刷発行　発行所／（株）グローバル教育出版 〒101-0047 東京都千代田区内神田2-4-2　編集／サクセス編集室 電話03-5939-7928 FAX03-5939-6014